Lisa Lüdders

Qualitative Methoden und Methodenmix

Ein Handbuch für Studium und Berufspraxis

University of Applied Sciences
APOLLON
University Press

Herausgegeben vom Präsidium der APOLLON Hochschule der Gesundheitswirtschaft

1. Auflage 2017

Projektmanagement und Lektorat: Constanze Vieth
Umschlaggestaltung, Layout und Satz: Ilka Lange, Hückelhoven
Korrektorat: Dr. Ruven Karr, Saarbrücken
Titelbild: Ilka Lange, Hückelhoven
Printed in Germany

Bibliografische Information der Deutschen Nationalbibliothek
Die Deutsche Nationalbibliothek verzeichnet diese Publikation in der Deutschen Nationalbibliografie. Detaillierte bibliografische Daten sind abrufbar unter:
htpp://dnb.d-nb.de

ISBN: 978-3-943001-29-7

http://www.apollon-hochschulverlag.de

Lisa Lüdders

Qualitative Methoden und Methodenmix

Ein Handbuch für Studium und Berufspraxis

METHODENBUCH

University of Applied Sciences
APOLLON
University Press

Inhalt

Vorwort

Liebe Studierende, liebe Berufspraktiker,

ich freue mich, dass Sie sich für dieses Buch entschieden haben. Sie werden einen komprimierten Überblick über die am häufigsten in der Literatur genannten qualitativen Erhebungs- und Auswertungsverfahren erhalten und dabei die Grundhaltungen und konzeptuellen Vorgehensschritte praktisch einüben. Ich möchte Ihnen Mut machen, die Übungen durchzuführen und auf diese Weise selbst Erkenntnisse über die qualitativen Methoden und Ihre Forscherrolle zu gewinnen. Auch aktuelle Entwicklungen werden dabei Berücksichtigung finden. So werden Sie neben der Anwendung neuester Software auch Internetquellen nutzen und sich dem Mixed-Methods-Paradigma widmen.

Ich beschäftige mich seit vielen Jahren als Statistik- und Methodenlehredozentin in den Studiengängen der Human-, Gesundheits- und Sozialwissenschaften mit empirischer Forschung. Mein Anliegen mit diesem Buch ist es, Ihnen den Umgang mit Methoden verständlich aufzubereiten und in Anwendungsbeispielen einzuüben.

Ich hoffe, es gelingt mir, Ihnen Ausschnitte der Forschungsmethoden mit Spaß zu vermitteln und Ihre Neugier zu wecken.

Lisa Lüdders — Bremen, im März 2017

Danksagung

Die Inhalte dieses Buchs sind maßgeblich durch meine langjährige Tätigkeit als Universitätslektorin für empirische Methoden geprägt. Die vielen Gespräche mit meinen Studierenden, die sehr hilfreichen Rückmeldungen zu meinen Lehrinhalten und die stetige Orientierung am Verständnis der empirischen Methoden haben zu der Idee einer breiten Veröffentlichung geführt. Als freiberufliche Autorin für die APOLLON Hochschule der Gesundheitswirtschaft wurde ich ermutigt, meine Ideen und Lehrinhalte zusammenzufassen und im Kontext der Berufspraxis von Human- und Gesundheitswissenschaftlern auszurichten. Ohne das Vertrauen und die Unterstützung von verschiedenen Personen wäre diese Arbeit nicht möglich gewesen. Deshalb möchte ich an dieser Stelle großen Dank aussprechen. Mein besonderer Dank gilt meinen Bachelor-Psychologiestudierenden und Absolventen an der Universität Bremen sowie den Studierenden des Studiengangs Soziale Arbeit an der Hochschule Bremen. Ihre Diskussionen haben mein Denken und meine Arbeit positiv beeinflusst und bereichert. Meine Autorenschaft für die APOLLON Hochschule wurde jedoch durch Dekanin Prof. Dr. Viviane Scherenberg erst möglich, die an mich glaubte und mich mit der Erstellung von Studienmaterial beauftragte. Ihre Ratschläge zur Gestaltung des Buchs und ihre immerwährende positive Bekräftigung meiner Ideen haben stark dazu beigetragen, dass ich voller Mut und Zuversicht schreiben konnte.

Weiterhin danken möchte ich meinem fachlichen Gutachter Prof. Michael Erhart, der durch seine präzisen Anmerkungen neue Sichtweisen eröffnete. Sowohl inhaltliche als auch strukturelle Unterstützung fand ich bei Constanze Vieth und weiteren Mitarbeiterinnen des Lektorats der APOLLON University Press, die mir – auch durch die Erstellung so mancher Grafik – das Schreiben erleichtert haben.

Eine breite Veröffentlichung des Buchs hätte es nicht gegeben, wenn nicht Dr. Petra Becker als Leiterin der APOLLON University Press das Potenzial für ein Methodenhandbuch für Studierende und Berufspraktiker gesehen hätte. Mittlerweile handelt es sich bei diesem Buch um mein zweites Werk, das in der Methodenbuchreihe der APOLLON University Press veröffentlicht wird. Für die Gespräche, die angenehme Arbeitsatmosphäre und das Vertrauen möchte ich ihr und allen anderen Beteiligten ganz herzlich danken. Es hat abermals sehr viel Spaß gemacht, mit ihnen zusammenzuarbeiten. Denn man muss einem Buch nicht nur zur richtigen Zeit begegnen, sondern auch die Personen finden, die ein Buch zu einem Buch machen!

Einleitung

Dieses Buch gibt Ihnen einen Einblick in die qualitativen Forschungsmethoden und vertieft die Inhalte praxisorientiert. Theoretische Ansätze geeignet einordnen sowie empirische Forschungsmethoden reflektiert auswählen und anwenden zu können, ist für eine wissenschaftlich fundierte Ausbildung und für die Berufspraxis unumgänglich. Im Rahmen Ihres Studiums oder auch bei der Lektüre von Fachliteratur in Ihrem beruflichen Alltag werden Sie häufiger die Einteilung der Forschungsmethoden in quantitative und qualitative Methoden wahrnehmen. Wenn Sie sich z. B. mit statistischen Hypothesen, unterschiedlichen experimentellen Versuchsplänen und der Datenauswertung durch Anwendung statistischer Formeln beschäftigen, erkennen Sie, dass dabei i. d. R. eine größere Gruppe von Personen im Fokus steht. Die spezifischen Antworten einer einzelnen Person zu einer konkreten Frage in einem Fragebogen oder Test werden vernachlässigt, denn häufig ist der Durchschnitt die Basis für die quantitativen Methoden. Diesen Durchschnitt finden Sie z. B. im Mittelwert, aber auch ein Prozentwert bezieht sich immer auf eine Gruppe von Personen als Messgruppe. Man könnte noch viele weitere quantitative Auswertungsmethoden an dieser Stelle nennen. Allen gemeinsam ist, dass sie nicht die einzelne Person berücksichtigen, sondern diese bzw. deren individuelle und mitunter vom Durchschnitt abweichende Werte eher noch als Fehler oder Abweichung im Rahmen der Analyse definieren. Zudem kreuzen die befragten Personen häufig einen Wert auf vorgegebenen Antwortskalen an und können ihre Meinung oder noch weitere Antwortmöglichkeiten schriftlich nicht formulieren. Die Antwortvorgaben wurden zuvor vom Forschenden verbindlich definiert. Somit können diese Vorgaben nicht die Realität aller Befragten widerspiegeln. Manchmal kreuzen Befragte das an, was von allen Antwortvorgaben am ehesten auf sie zutrifft. Wenn Sie in Ihrem Beruf oder in Ihrer beruflichen Ausbildung mit Fragebögen oder standardisierten Testverfahren arbeiten, haben Sie vielleicht auch schon mal daran gedacht, dass es ebenso wichtig wäre, andere Methoden zur Wahl zu haben, um einzelne Personen aus der Gesamtheit mehr in den Vordergrund zu stellen.

Die folgenden Buchkapitel werden Ihnen eine Einführung in die qualitativen Methoden geben, die sich im Vergleich zu den quantitativen Methoden auf andere Ansätze und Erkenntniswege stützen. Dabei werden Sie üben, die Methoden direkt anzuwenden.

Weiterhin werden Sie feststellen, dass beide Arten von Forschungsmethoden – quantitative wie auch qualitative – ihre Daseinsberechtigung haben und gleich wichtig für die empirischen Methoden sind. Weder die eine noch die andere Seite ist zielführender oder wissenschaftlicher. Insbesondere durch die Kombination beider Methodenarten können wichtige neue Erkenntnisse gewonnen werden, was in diesem Buch mithilfe des Mixed-Methods-Ansatzes gezeigt werden soll.

Was aber kann man alles konkret unter qualitativen Methoden verstehen? Beispielsweise gehören folgende Elemente zum Feld der qualitativen Forschung:

- Forschung am Individuum
- Kommunikation als zentrales Werkzeug der Forschung
- Reflexion, Offenheit und Flexibilität als Grundlage des Vorgehens

Nach dem Lesen und Bearbeiten dieses Buchs werden Sie über folgende Kenntnisse und Fähigkeiten verfügen:

- Sie können die qualitativen Forschungsmethoden und ihre wissenschaftstheoretische Entstehungsgeschichte nachvollziehen.
- Sie können die Kontroverse zwischen quantitativen und qualitativen Methoden einschätzen und sich selbst in der Debatte positionieren.
- Sie können abwägen, wann es sinnvoll ist, qualitative Forschung einzusetzen.
- Sie können qualitative Interviews oder auch qualitative Beobachtungen durchführen und wissen, wie Sie gewonnene Daten aufbereiten und auswerten können.
- Dabei handeln Sie stets reflektiert und diskutieren die Gütekriterien sowie Ihr eigenes Vorgehen kritisch.

Ich wünsche Ihnen viel Freude beim Lesen und bei der Anwendung der Methoden.

Ihre

Lisa Lüdders

1 Einführung in die qualitative Forschung

In diesem Kapitel erfahren Sie, aus welchen theoretischen Disziplinen sich die qualitativen Methoden heraus entwickelt haben und wie sehr diese Theorien das heutige Vorgehen methodologisch geprägt haben. Dazu lernen Sie die wichtigsten Vertreter der Methodenschulen kennen und können anhand von Beispielen die Ansätze nachvollziehen. Weiterhin erkennen Sie, dass die qualitativen und quantitativen Methoden sehr unterschiedliche Facetten von Forschungsansätzen bedienen und dass dies in der Vergangenheit zu einem Methodenstreit mit konträren Positionen geführt hat. Die wichtigsten Hintergründe und Prinzipien zu diesen Unterschieden sind Ihnen bekannt. Sie können sowohl die theoretische Ausrichtung der qualitativen Methoden als auch die Gütekriterien beider Forschungsrichtungen nachvollziehen. Dies versetzt Sie schließlich in die Lage, sich selbst zu positionieren.

1.1 Die Grundhaltung der qualitativen Forschung

Die empirische Forschung wird grob in die quantitative und qualitative Forschung unterteilt. Darüber hinaus existiert mittlerweile eine in der Forschungslandschaft sehr akzeptierte und angesehene Kombination beider Forschungsansätze, die unter dem Begriff Mixed-Methods zusammengefasst wird. Um sich den Methoden und Ansätzen zu nähern, hilft es, die Ursprünge der qualitativen und quantitativen Forschung genauer zu betrachten. Beide Forschungstraditionen haben sich in der Geschichte der empirischen Forschung zu unterschiedlichen Zeitpunkten entwickelt. Aus ihren jeweiligen historischen Wurzeln heraus lassen sich auch Grundhaltungen erklären, die zunächst dazu geführt haben, dass quantitative und qualitative Methoden als sich gegenüberstehende und sich ausschließende Forschungsparadigmen aufgefasst wurden. Die Paradigmen wurden erstmals in der Soziologie von Wilson (1973) benannt. Weiterhin führten diese Grundhaltungen zur Entwicklung von Erhebungs- und Auswertungsmethoden, die sich abermals eher einem bestimmten Paradigma zuordnen lassen. Daher ist es sinnvoll, diese Paradigmen genauer zu betrachten, bevor die Anwendung der Methoden erfolgt. Während sich die quantitative Forschung tendenziell dem normativen

Paradigma zugehörig fühlt, ist die qualitative Forschung eher im interpretativen Paradigma beheimatet. Was genau versteht man darunter?

MERKSATZ

Unter dem normativen Paradigma versteht man eine Erklärung menschlichen Verhaltens auf Basis von Ursache-Wirkungs-Zusammenhängen sowie eindeutigen Regeln und Formeln, die sich an eine naturwissenschaftliche Ausrichtung anlehnen. Als interpretatives Paradigma bezeichnet man theoretische Konzeptionen, die soziale Interaktionen in den Vordergrund stellen und diese als immerwährenden interpretativen Prozess ansehen.

Das normative Paradigma lehnt sich somit an Gesetzmäßigkeiten an und arbeitet häufig mit Formeln und bestmöglichen Standardisierungen. Standardisieren bedeutet in diesem Kontext, dass Daten von Personen so neutral wie möglich erhoben werden und es z. B. keine Rolle spielt, wer die Daten aufnimmt oder wer sie auswertet. Wenn ein fest vorgeschriebenes Regelwerk von z. B. Fragen und Antworten, aber auch von bestimmten Verhaltensweisen des Forschenden während der Befragung eingehalten wird, dann handelt es sich eher um eine normative Grundhaltung. Die Standardisierung dient insbesondere der Verallgemeinerung von Aussagen durch statistische Zahlenwerte.

In den Naturwissenschaften, beispielsweise in der Physik, lassen sich derartige Erklärungen, die dem normativen Paradigma zugeordnet werden können, relativ einfach finden (vgl. Praxisbeispiel 1.1).

PRAXISBEISPIEL 1.1:

Stellen Sie sich die Frage, warum das in Ihrem Tiefkühlfach kalt gestellte Flaschenbier irgendwann zerbricht, so kann dieser Umstand – das Zerbrechen der Glasflasche – eindeutig erklärt werden (vgl. Mischel, 1963, S. 15 f.): Die Temperatur unterm Nullpunkt war die Ursache, das Zerbrechen die Wirkung und das Gesetz, dass sich Bier (bzw. das Wasser im Bier) beim Gefrieren ausdehnt, führt zu dem Ergebnis des Zerbrechens. Es handelt sich um eine allgemeine (kausale) Gesetzmäßigkeit, weil es immer wieder passieren wird, wenn die genannten Bedingungen eintreten und Sie das Bier nicht frühzeitig aus dem Fach nehmen.

Die Fragestellung, die Sie sich in Praxisbeispiel 1.1 stellen, nennt man auch das Explanandum, d. h. das Ereignis, welches erklärt werden soll. Die Temperatur erklärt das Ereignis gemeinsam mit der Gesetzmäßigkeit, sodass man auch von dem Explanans sprechen kann. Das Explanans erklärt das Auftreten des Explanandums. Die Begriffe sind angelehnt an das Hempel-Oppenheim-Schema (vgl. Mischel, 1983), das ebensolche Gesetze, Ursachen und Wirkungen systematisiert.

In den Human- und Gesundheitswissenschaften – und sehr wahrscheinlich auch in Ihrer Berufspraxis – sind derartige Kausalerklärungen schwierig. Nehmen wir an, Sie arbeiten als psychologischer Berater oder Psychiater und haben viel Klienten-/Patientenkontakt mit Personen, die unter depressiven Verstimmungen leiden. Zu erklären, warum beispielsweise eine Person depressiv ist, kann meist nicht an einer oder an mehreren eindeutigen Bedingungen festgemacht werden. Vermutlich können solche Erklärungen eher im Bereich der Neuropsychologie oder der Biologischen Psychologie getätigt werden, wenn man davon ausgeht, dass bestimmte Neurotransmitter und Gehirnregionen für eine depressive Verstimmung verantwortlich sein könnten, wobei auch hier starke Einschränkungen mit einer solchen Annahme einhergehen und der Begriff Ursache immer vorsichtig verwendet werden muss. Bei den Methodenarten wird die quantitative Forschung gern diesem normativen Paradigma zugeordnet. Es sollen Aussagen über eine Gruppe von Personen getroffen werden – eine Verallgemeinerung, ähnlich dem Gesetz –, die durch Anwendung naturwissenschaftlicher Methoden, z. B. durch die Verwendung von Formeln, Messvorschriften und einem festen Regelwerk, gewonnen werden.

Qualitativer Forschung sagt man dagegen nach, dass sie an dem tatsächlichen Erleben und damit auch dem Verständnis von Verhalten interessiert ist. Dieses Verständnis kann nur durch Methoden erzielt werden, die nach dem Sinn von Handlungen fragen und auch die Situation von einzelnen Personen berücksichtigen. Wenn Sie sich die Frage stellen, warum eine Person depressiv ist, würden Sie nicht nach kausalen Ursachen fragen, und Sie würden auch keinen Fragebogen einsetzen und die Person in Vergleich zu einer großen Gruppe von Personen setzen. Sie würden eher nach den psychologischen und sozialen Gründen für die Depression suchen, vielleicht in einem offenen Gespräch, und sich ganz auf diese Person einstellen. Nach einem Grund zu forschen, Lebenssituationen von Personen einzubeziehen und Interpretationen zuzulassen ist eher qualitativ ausgerichtet. Daher wird die qualitative Forschung dem interpretativen Paradigma zugeteilt (vgl. Wilson, 1973). Um diese besondere Vorgehensweise in der qualitativen Forschung besser einordnen zu können, ist es wichtig, die theoretische Ausrichtung qualitativer Forschung genauer zu betrachten. Aufgrund der Vielfältigkeit der theoretischen Hintergründe bezieht sich der folgende Abschnitt auf eine Auswahl von wissenschaftstheoretischen Schulen, die besonders die Entwicklung der qualitativen Methoden geprägt haben.

1.1.1 Phänomenologie

Die Phänomenologie ist die Lehre von den Erscheinungen und geht auf Brentano (1874) und dessen Schüler Husserl (1950) zurück. Die Grundlage dieser Ausrichtung ist eine eindeutige bzw. objektive Beschreibung des Forschungsgegenstands. Unter einer objektiven Beschreibung wird hier verstanden, die Lebenswelt möglichst von subjektiven Erfahrungen, allgemeinen Theorien und Vorurteilen des Forschenden herauszulösen und zum tatsächlichen Kern einer Erscheinung bei der untersuchten Person hervorzudringen (zu den Entwicklungen der Phänomenologie vgl. Lamnek, 2010a, S. 44 ff.). Statt von einer Erscheinung zu sprechen, können wir an dieser Stelle auch den Begriff Phänomen verwenden. Phänomene müssen zunächst sorgfältig untersucht und beschrieben werden, „anstatt sie vorschnell mit vorgefertigten Theorien zu erklären" (Kühn, 2005, S. 21). Im methodischen Vorgehen muss der Forschende sich selbst stark kontrollieren, sich von seinen eigenen Einstellungen und Vorannahmen lösen und sich gleichzeitig zum objektiven Kern des Phänomens bei der untersuchten Person vorarbeiten. Dabei soll der Forschungsgegenstand durch das Einnehmen unterschiedlicher Perspektiven ergründet werden.

MERKSATZ

Die Phänomenologie hat das Ziel, die sozialen Phänomene so, wie sie sich vordergründig zeigen, zu hinterfragen, um dann zum eigentlichen Wesen des Phänomens zu gelangen. Dies soll durch die Loslösung von jeglichem Vorwissen und persönlichen Erfahrungen gelingen.

Doch wie ist eine solche Forschung, ohne die Berücksichtigung von subjektiven Denkweisen, traditionellen Einstellungen oder auch wissenschaftlichen Deutungen einer Person möglich? Husserl geht davon aus, dass die Methode der schrittweisen Reduktion zum objektiven Kern des Phänomens führt (vgl. Lamnek, 2010a, S. 50). Zunächst soll dabei die theoretische Welt durch die Konzentration auf die eigentliche Lebenswelt ausgeklammert werden, danach findet die phänomenologische Reduktion statt (vgl. Praxisbeispiel 1.2). Phänomenologische Reduktion bedeutet für den Forschenden, eine Distanz zu den untersuchten Personen aufzubauen und gleichzeitig die eigenen Einstellungen zu reflektieren. Anschließend erfolgt die sogenannte eidetische Reduktion, bei welcher der Forscher versucht, durch Reflexion den Kern des Wesens – unter Weglassung des Nebensächlichen – herauszuarbeiten. Die höchste Stufe der Reduktion stellt dann die transzendentale Reduktion dar, die zu der Person – dem „Ich" des Beforschten – führt und die Lebenswelt erklären kann. Diese Stufe findet jedoch im Rahmen der Forschung kaum Anwendung.

PRAXISBEISPIEL 1.2:

Eine Organisationsberaterin plant eine Forschungsarbeit zum Thema Burnout bei Topmanagern mit dem Ziel, weiterführende Erkenntnisse für ihre Praxisarbeit zu erhalten. Hierfür muss sie im ersten Schritt ihre eigene Lebenswelt, d. h. persönliche Vorurteile, wissenschaftliches Vorwissen oder auch die aktuellen Presseberichte über das Forschungsthema, möglichst in den Hintergrund drängen. Im zweiten Schritt nimmt die Beraterin Kontakt zu Topmanagern auf. Aus dieser Gruppe filtert sie einige von Burnout betroffene Topmanager heraus und besucht sie an ihrem Arbeitsplatz, um Interviews durchzuführen. In dieser Phase wird die Beraterin durch den direkten Kontakt nicht nur mit den Perspektiven der Topmanager, sondern auch mit ihren eigenen Sichtweisen konfrontiert, die sie stets reflektieren muss. Sie merkt sich, an welchen Stellen des Interviews besondere Verhaltens- und Erlebensweisen – z. B. in Form von Widerständen – auf beiden Seiten auffallen. Nach Abschluss dieser Interviews analysiert die Beraterin die Aussagen und findet dabei typische Muster, die häufiger bei den Befragten auftreten, etwa zu lange Arbeitszeiten und fehlender Ausgleich in der Freizeit. Dabei berücksichtigt sie unterschiedliche Sichtweisen und legt abschließend die Phänomene des Burnouts anhand ihrer Interviewergebnisse fest, z. B. wie es entsteht, wie es sich bei dem Betroffenen äußert oder wie andere Personen es bemerken. Diese Phänomene kann sie dann nutzen, um ggf. Veränderungen für ihre Organisationsberatung umzusetzen.

In der qualitativen Forschung wird die Phänomenologie meist als ein grundlegender wissenschaftstheoretischer Ansatz angesehen. Verfahren, die sich am phänomenologischen Blick orientieren, werden Sie später noch näher kennenlernen. Mit diesem Ansatz geht noch eine weitere traditionelle Ausrichtung qualitativer Forschung einher: die Hermeneutik. Das Herauslösen von sinnvollen Aussagen aus dem zunächst „oberflächlichen Schein der Realität“ (Esser et al., 1977, zitiert nach Lamnek, 2010a, S. 59) bleibt erhalten, wird jedoch bei diesem Ansatz um weitere wichtige Aspekte ergänzt.

1.1.2 Objektive Hermeneutik

Die objektive Hermeneutik wurde in ihren Ursprüngen von Dilthey (1923) begründet und immer wieder neu adaptiert und weiterentwickelt. Hermeneutiker nutzen überwiegend sprachliches Material und Texte, die interpretiert werden. Dabei gehen sie davon aus, dass sich in bzw. anhand des Materials eine Struktur erkennen lässt, die auf Grundlage methodologischer Regeln interpretiert werden kann. Die Sprache wird somit als wortwörtliches Abbild der Lebenswelt angesehen. Ein Text kann demnach nur verstanden werden, wenn ein Vorwissen über die Inhalte und die Sprache besteht. Beim Lesen eines Fachtexts beispielsweise müssen dem Leser vorab bestimmte Fachbegriffe bekannt sein. Dieses Textverständnis setzt sich dann zirkelhaft bzw. spiralförmig fort, indem es das Vorverständnis erweitert und wiederum zu erweitertem Textverständnis führt (vgl. Lamnek, 2010a, S. 57). Zusätzlich wird auch die Beziehung zwischen einzelnen Textauszügen und dem gesamten Text fortlaufend erweitert, sodass sich der Kreis des Verständnisses stetig erweitert. Ein einzelnes Wort kann beispielsweise durch einen ganzen Satz eine Bedeutung erhalten und diese Bedeutung kann dann wiederum auf einen Teil des Textes bezogen werden. Das hier beschriebene methodische Vorgehen wird durch die Wechselseitigkeit auch als hermeneutischer Zirkel (vgl. Bortz/Döring, 2006, S. 303) bezeichnet. Dabei steht die Objektivität im Vordergrund, d. h. Sie müssen bei der Anwendung dieser Methode auch prüfen, welches Verständnis andere Personen haben könnten und welche sachlichen Argumente Ihr eigenes Verständnis untermauern oder relativieren. Die text- bzw. sprachbasierte Methode der objektiven Hermeneutik findet auch in der qualitativen Forschung als Interpretationsmethode Anwendung.

ÜBUNG 1.1:

Im ersten Schritt arbeitet die objektive Hermeneutik mit der Zuweisung von Bedeutungen zu einzelnen Wörtern und Sätzen, ohne die Situation bzw. den Kontext zu berücksichtigen. Legen Sie folgenden Satz sozusagen auf die Goldwaage und überlegen Sie, wie man ihn gemäß der objektiven Hermeneutik interpretieren könnte: „Mutti, wann krieg ich denn endlich mal was zu essen? Ich hab so Hunger." (Oevermann, 1983, S. 9)

TIPP:

Zur Vertiefung empfehle ich folgende Literatur, die im Internet frei verfügbar ist: Oevermann, U. (1981). *Fallrekonstruktionen und Strukturgeneralisierung als Beitrag der objektiven Hermeneutik zur soziologischstrukturtheoretischen Analyse.*
Verfügbar unter: http://publikationen.ub.uni-frankfurt.de/frontdoor/index/index/docId/4955 (27.02.2017)
Im Anhang finden Sie ab Seite 131 die tatsächliche Situationsbeschreibung. Bitte schlagen Sie diese aber erst nach, wenn Sie die Übung abgeschlossen haben.

1.1.3 Symbolischer Interaktionismus

Der symbolische Interaktionismus wurde v. a. durch Mead (1934) begründet und beschreibt eine sozialpsychologische Ausrichtung, bei welcher die Wechselwirkung zwischen Person(en) und festen Strukturen – z. B. Organisationen und Institutionen – im Vordergrund des Interesses stehen. Der Ansatz geht davon aus, dass Menschen Objekten und Personen ihrer Umwelt Bedeutungen zuweisen und gemäß diesen zugeschriebenen Bedeutungen interagieren. Psychologische Ansätze über das Verhalten und Erleben von einzelnen Personen oder Gruppen werden mit soziologischen Theorien über das Verhalten und Erleben von Personen oder Gruppen in unterschiedlichen Strukturen untersucht. Die Hauptfragestellung ist: Wie wirkt sich eine feste Struktur – etwa die Institution, in der Sie arbeiten oder studieren – auf Ihr konkretes Handeln und Erleben aus? Oder andersherum: Wie wirkt sich Ihr individuelles Verhalten oder auch das gemeinsame Verhalten und Erleben von Ihnen und Ihren Kollegen bzw. Kommilitonen auf die Institution aus? Selbst wenn die Interaktionen virtuell – und damit auch zeitverzögert – stattfinden, wird dennoch kommuniziert. In jeder Kommunikation werden Begriffe oder Regeln ausgetauscht, die von unterschiedlichen Personen auf ähnliche Weise interpretiert werden. Ebenso können neue Sichtweisen von Ihnen und Ihren Kollegen bzw. Kommilitonen auch Veränderungen in der Hochschule bzw. Arbeitsinstitution auslösen. Durch die Einnahme der Perspektive des Kommunikations- bzw. Interaktionspartners kann etwas Neues entstehen. Mensch und Struktur lassen sich niemals trennen und interagieren tagtäglich miteinander. Es wird davon ausgegangen, dass Verhalten und Erleben durch soziale Interaktionen erklärt werden kann bzw. Bedeutungen und Verständnis sich aus diesen heraus entwickeln. Jede Interaktion ist mit einer bestimmten Erwartungshaltung verbunden, die analysiert werden kann. Der Begriff Symbol steht dabei für gemeinsam geteilte subjektive Grundbedeutungen und äußert sich in der Sprache oder in anderen gesellschaftlichen Kulturprodukten, z. B. in Verkehrszeichen. Der methodische Ansatz des Interaktionismus verfolgt das Ziel, herauszufinden, welche Bedeutung Menschen Dingen zuweisen. Vertreter des symbolischen Interaktionismus fragen damit nicht nach objektiven Bedeutungen einer Situation oder Kommunikation, wie es beispielsweise in der objektiven Hermeneutik der Fall wäre (vgl. Kapitel 1.1.2), sondern es ist entscheidend, was die beforschten Personen glauben, wie sich eine Situation oder Kommunikation für sie darstellt (vgl. Lamnek, 2010a, S. 37). Die Bedeutung entsteht durch die soziale Interaktion und wird durchaus in jeder Situation neu ausgehandelt (vgl. Praxisbeispiel 1.3).

PRAXISBEISPIEL 1.3:

Das Parken eines Autos auf einem Parkplatz hat zunächst einmal keine eigenständige Bedeutung. Eine Bedeutung erhält das Parken aber, wenn die Parklinie nicht eingehalten wird, der Fahrzeugführer einfach so parkt, wie es ihm passt und andere Fahrzeuge beim Ein- und Ausparken gar komplett gehindert werden. Das Verhalten der Autofahrer wird sozial geregelt. Insbesondere durch unsere Verkehrserziehung, aber auch bereits während unserer ersten Lebensjahre, lernen wir, wie Parkplätze von Personen genutzt werden sollten und dass Parkplätze meistens durch weiße Linien eingegrenzt sind. Im Laufe unseres Lebens kann sich diese Grundbedeutung aber verschieben und variieren. Wenn wir selbst Auto fahren, halten wir uns nicht immer an die Parkregeln und gehen davon aus, dass unser Verhalten von unseren Mitmenschen toleriert wird.

Der symbolische Interaktionismus stellt innerhalb der qualitativen Forschung einen wissenschaftstheoretischen Ansatz zur Untersuchung menschlichen Verhaltens dar, der sich auf aktuelle Situationen bezieht. Eine Ursachenforschung auf Basis von Informationen aus der Vergangenheit ist nicht das Ziel dieser Ausrichtung.

1.1.4 Ethnomethodologie

In Anlehnung an den symbolischen Interaktionismus soll an dieser Stelle auch die Ethnomethodologie nach Garfinkel (1967) kurz erwähnt werden. Vertreter dieses Ansatzes interessieren sich ebenfalls für Alltagshandlungen und ihre gesellschaftliche Bedeutung, es wird dabei jedoch die Selbstverständlichkeit des eigenen Handelns explizit hervorgehoben (vgl. Praxisbeispiel 1.4). Innerhalb von konkreten Situationen handeln Menschen wie „selbstverständlich“ (Lamnek, 2010a, S. 39), d. h. sie haben im Laufe der Zeit Gewohnheiten entwickelt, die ihnen das Alltagsleben erleichtern und strukturieren. Das Verhalten ist unbewusst und wird nicht hinterfragt, wie es auch Praxisbeispiel 1.4 verdeutlicht.

PRAXISBEISPIEL 1.4:

Es ist vollkommen normal, dass Menschen sich in vielen Situationen begrüßen. Sei es ein kurzes „Hallo“ oder ein weiterführendes „Hallo, wie geht's?“. In formelleren Situationen, z. B. in Meetings mit Geschäftspartnern oder zur Beglückwünschung eines Erfolgs, geben sich die Interaktionspartner die Hand. Auch dies ist eine Alltagshandlung, die gleichzeitig der Interaktion eine Struktur gibt.

Für diese alltäglichen Gewohnheiten interessiert sich die Ethnomethodologie. Das Handeln muss dabei stets auf die Situation, den Kontext, bezogen werden, andernfalls wäre es nicht wirklich nachvollziehbar. Der Sinn von Handlungen ist nur auf Basis des jeweiligen Kontextes erschließbar. Als beliebte Forschungsmethode der Ethnomethodologie haben sich deshalb auch die Krisenexperimente bewährt, die bewusst selbstverständliche Alltagspraktiken durchbrechen. Bei einem Krisenexperiment werden Personen absichtlich in ihren alltäglichen Handlungen gestört bzw. irritiert, indem eine ungewöhnliche Situation überraschend herbeigeführt wird. Stellen Sie sich vor, Sie befinden sich im Supermarkt an der Kasse. Fünf Personen gehen an Ihnen vorbei und stellen sich vor Sie in die Warteschlange. Etwas später kommen nochmals fünf Personen dazu. Wie würden Sie reagieren? Genau dies würde einen Ethnomethodologen interessieren, weil die meisten Menschen sich regelkonform verhalten und sich an der Schlange hinten anstellen. Der Forschende hat im Rahmen des Krisenexperiments bewusst diese zehn Personen eingesetzt, um Sie zu irritieren und beobachtet, wie Sie mit dieser Situation umgehen.

Die Ethnomethodologie strebt keine Objektivität an, sondern möchte gezielt auf die Lebenswelt Einfluss nehmen, um sie zu verstehen und interpretieren zu können. Ursprünglich enthält der Begriff Ethnomethodologie Assoziationen zur Ethnografie, welche sich mit der Erforschung fremder Kulturen bzw. Ethnien beschäftigt (vgl. Bortz/Döring, 2006, S. 337). Ethnografie kann, muss aber nicht, Bestandteil der Ethnomethodologie sein. Die Ethnomethodologie besitzt somit im Vergleich zur Ethnografie viel breitere Anwendungsbereiche in den Human- und Sozialwissenschaften. Als sozialtheoretische Ausrichtung, d. h. mit starkem Fokus auf das Handeln von Personen in Strukturen, kommt der Ethnomethodologie somit eine besondere Bedeutung in der qualitativen Forschung zu.

ÜBUNG 1.2

Denken Sie an eine Situation zurück, in der Sie zunächst von dem Handeln eines Mitmenschen irritiert waren und erst später merkten, dass das Handeln für Sie doch nachvollziehbar (also selbstverständlich) war. Versuchen Sie, sich die Situation so bildhaft wie möglich vor Augen zu führen.

TIPP:

Bei dieser Übung können Sie an sehr skurrile, befremdliche Situationen zurückdenken. Was ist Ihnen besonders seltsam vorgekommen in einem Kontakt zu einem anderen Menschen? Was hat Ihre alltägliche Routine durchbrochen? Das können Beispiele aus Ihrem beruflichen oder aus Ihrem privaten Umfeld sein. Hat Sie etwas bei Ihrem Besuch in einem Restaurant oder bei Ihrer Arbeit ganz besonders irritiert? In einem Zug? In einem fremden Land?

1.2 Abgrenzung und Zusammenwirken qualitativer und quantitativer Forschung

Die theoretische und methodische Ausrichtung der qualitativen Forschung hat sich im Gegensatz zur quantitativen Forschung zeitlich verzögert entwickelt. Das führte auch zu einem direkten Vergleich beider Forschungsdisziplinen: Der qualitative Ansatz musste sich mit dem quantitativen Ansatz messen lassen, obwohl beide Ansätze sehr unterschiedliche Erkenntnisziele und Methoden anwenden. Ein solcher Vergleich wird damit den qualitativen Methoden – ebenso wie auch den quantitativen Methoden – nicht wirklich gerecht, führte aber zu entsprechenden Vorurteilen, die bis heute nachwirken.

Qualitative vs. quantitative Forschung

Während sich quantitative Forschung – in Anlehnung an das normative Paradigma – auf einen objektiven Messvorgang von Verhalten fokussiert, interessiert sich die qualitative Richtung für das individuelle Erleben der beforschten Personen. Daher werden einzelne Personen in den Vordergrund gestellt, um subjektive Bedeutungen und Empfindungen zu erfassen.

> *„Qualitative Forschung ist besonders gut für den Blick hinter die Kulissen geeignet, mit dem Wesentliches unter der Oberfläche deutlich gemacht werden soll – manche Forscher sprechen von Tiefenstrukturen, die zu erschließen sind." (Kühn, 2005, S. 8)*

Ein Hauptbestandteil qualitativer Forschung sind Interpretationen, die beispielsweise soziales Verhalten oder bestimmte subjektive Bewertungen zu deuten versuchen. Dabei ist der Messvorgang nicht starr festgelegt, wie es in der quantitativen Forschung der Fall ist. Standardisierte Fragebögen spielen eine untergeordnete Rolle und werden, wenn überhaupt, für die Erhebung von wenigen Sozialdaten wie beispielsweise des Alters oder des Schulabschlusses genutzt. Qualitative Forschung ist in ihrer Messung somit von Offenheit und Verständnis geprägt; Forschung findet oft im Alltagsumfeld statt. Daher können auch nur wenige Personen untersucht werden, wohingegen die qualitative Forschung auf Masse setzt, um zu aussagekräftigen und repräsentativen Ergebnissen zu gelangen. Die Einhaltung wissenschaftlicher messtheoretischer Gütekriterien ist für die quantitative Forschung sehr wichtig, während in der qualitativen Forschung zwar ebenfalls Gütekriterien von Bedeutung sind, diese aber stärker variieren können und nicht durch statistische Kennzahlen festgelegt sind. Qualitative Forschung wird deshalb als subjektiv wahrgenommen und orientiert sich an einem reflexiven Verständnisprozess zwischen Forscher und Forschungsgegenstand.

Quantitative Forschung orientiert sich dagegen an objektiv beschriebenen Kriterien, die in jeder Untersuchung durch feste Formeln und Standardisierungen immer gleich interpretiert werden. Quantitativer Forschung sagt man nach, dass sie eindeutige Fragestellungen vor Beginn einer Untersuchung formulieren kann, diese als statistische Hypothesen ausdrückt und dann auf Grundlage von statistischen Daten prüft, ob die Hypothesen für eine Gruppe von Personen, über die Aussagen gemacht werden sollen, zutrifft oder nicht. Die Prüfung von Hypothesen wird in der Wissenschaft auch deduktive Herangehensweise genannt. Am besten sind Hypothesen zu prüfen, wenn möglichst viele Störquellen für die Untersuchung ausgeschaltet bzw. kontrolliert werden können. Daher geht man davon aus, dass quantitative Forschung vorwiegend im Labor stattfindet, beispielsweise in Forschungsräumen einer Universität. Während eine künstliche Situation für die quantitative Erhebung geschaffen wird, charakterisiert sich qualitative Forschung als Feldforschung. Personen werden beispielsweise in ihrem natürlichen Umfeld interviewt oder beobachtet. Die Untersuchung findet vorwiegend durch eine induktive Herangehensweise statt, d.h. es werden keine Hypothesen vorab formuliert und auf ihre Gültigkeit hin getestet, sondern die Forschungssituation wird genutzt, um währenddessen Hypothesen zu generieren. Qualitative Forschung kann daher etwas Neues, Überraschendes zu Tage bringen, während quantitative Forschung eher schon Bekanntes bestätigt oder widerlegt. Wenn wir nur die bisher beschriebenen Gegensätze kurz zusammenfassen, erhalten wir folgende, sich ausschließende, Pole, die in Tabelle 1.1 dargestellt werden.

Tabelle 1.1: Gegensatzpaare quantitativer und qualitativer Forschung

quantitative Forschung	qualitative Forschung
normativ	interpretativ
Verhalten	Erleben
messen	interpretieren
objektiv	subjektiv
viele Personen (große Gruppe)	wenige Personen (Einzelfall)
standardisiert	offen, verstehend
deduktiv	induktiv
Labor	Feld
künstlich	natürlich
Altes bestätigen bzw. widerlegen	Neues entdecken
unverändert	überraschend

Tabelle 1.1 legt nahe, dass quantitative und qualitative Forschung kaum Schnittpunkte aufweisen und es scheint, als wäre die qualitative Forschung positiver zu bewerten als

die quantitative Forschung. Oder meinen Sie nicht, dass sich z. B. „verstehend", „Neues entdecken" und „natürlich" besser anhört als „standardisiert", „alt" und „künstlich"?

Andererseits könnte man der qualitativen Forschung vorwerfen, dass sie nur wenige Personen untersucht, ihre Aussagekraft also eingeschränkt und womöglich noch auf Basis von wissenschaftlichen Kriterien entstanden ist, die einer subjektiven Bedeutung unterliegen. Noch bis vor wenigen Jahren war dieser Methodenstreit zu spüren. Quantitative bzw. qualitative Forscher haben sich als etwas „Besseres" wahrgenommen und tatsächlich die jeweils andere Forschungshaltung stark kritisiert. Mittlerweile erfährt man jedoch immer stärker eine gegenseitig gewollte Annäherung, sowohl in der wissenschaftlichen Literatur als auch in der alltäglichen empirischen Praxis. Bedeutende Lehrbücher beziehen sich nicht mehr auf eine klare, abgrenzbare Gegenüberstellung, sondern stellen die Vorteile beider Forschungsdisziplinen heraus und übertragen die Ansätze vermehrt auf beide Ausrichtungen (vgl. Döring/Bortz, 2016, S. 72 f.). Eine Diskussion, ob eine quantitative Forschung „besser" sei als eine qualitative Forschung und vice versa, findet nicht mehr statt. Eine strikte Trennung beider Forschungsrichtungen in Form von klaren Gegensätzen hinsichtlich der Methoden ist daher nur bedingt möglich. So ist ein qualitativer Forschungsprozess sowohl durch induktive (hypothesengenerierende) als auch durch deduktive (hypothesenprüfende) Vorgehensweisen charakterisierbar. Eine quantitative Forschung kann allerdings, ebenso wie eine qualitative Untersuchung, im Feld stattfinden und sich auf Aspekte des Verstehens berufen. Stattdessen sollten die unterschiedlichen Erkenntnisziele im Fokus stehen. Im Rahmen der qualitativen Forschung geht es den Forschern primär um ein interaktives, interpretatives und reflexives Vorgehen sowie um die flexible Erhebung von verbalen oder visuellen Daten. Im Rahmen der quantitativen Forschung ist das vorwiegende Ziel, die eigenen Erfahrungen des Forschers möglichst gut zu kontrollieren und beschreibende bzw. generalisierende Aussagen durch Zuweisung von Zahlen und die anschließende Anwendung von statistischen Analyseverfahren zu treffen. Quantitative Forschung kann der Wissenschaft helfen, große Massen an Personen schnell und kostengünstig zu erreichen und allgemeine Einschätzungen zu generieren. Durch qualitative Forschung können dagegen verborgene Sinnzusammenhänge aufgedeckt und vertiefende Einblicke in die Lebenswelt von Personen gewährt werden, und es können allgemeine Einschätzungen um einen anderen Zugang bereichert werden. Eine Kombination beider Wissenschaftsdisziplinen, also ein Methodenmix (Mixed-Methods), ist daher für diverse Forschungsfelder durchaus denkbar und von Vorteil. Beispielsweise kann eine zuvor durchgeführte qualitative Beobachtung oder ein qualitatives Interview dazu führen, dass diese Erkenntnisse anschließend in einen quantitativen Fragebogen integriert werden. Ohne die zuvor angewandten qualitativen Methoden hätten die Fragen in dem quantitativen Fragebogen vielleicht wichtige Grundlagen übersehen, und erst durch diesen Methodenmix ist es gelungen, die Personen besser zu erfassen. Stellen Sie sich vor, Sie möchten als Erzieher einen Elternfragebogen entwickeln, der sozial unsicheres Verhalten von Kindern erkennen soll, damit Sie diese Kinder gezielt fördern können. Erst durch eine qualitative Beobachtung von betroffenen Kindern und durch qualitative Interviews von betroffenen Eltern bekommen Sie einen Einblick in das Verhalten und Erleben, welche wiederum Basis für die Fragen im Fragebogen sein wird. Wie sich die Mixed-Methods-Forschung konkret in der Praxis darstellt, wird in Kapitel 3 noch detaillierter beschrieben.

MERKSATZ

Qualitative und quantitative Forschungen überschneiden sich in vielen Bereichen und können voneinander profitieren. Daher sollten sie nicht als konkurrierende Forschungsfelder betrachtet werden, die sich gegenseitig ausschließen.

ÜBUNG 1.3:

Schauen Sie sich zunächst Tabelle 1.2 an. Wie würden Sie mit eigenen Worten beschreiben, was unter den Begriffen zu verstehen ist? Könnten die Gegensatzworte vielleicht auch vertauscht werden?

TIPP:

Nehmen Sie die Interpretation intuitiv vor. Was assoziieren Sie mit den Begriffen weich und hart? Wofür könnten sie in der qualitativen und quantitativen Forschung stehen?

Tabelle 1.2: Quantitative und qualitative Forschung im Vergleich

quantitative Forschung	qualitative Forschung
harte Methoden	weiche Methoden
Stichprobe	Einzelfall
Verhalten	Erleben

Vergleich der Gütekriterien von quantitativen und qualitativen Methoden

Wie Sie bereits erfahren haben, unterscheiden sich die Erkenntnisziele und Prinzipien der verschiedenen Forschungsansätze darin, dass der qualitative Ansatz tendenziell einen flexiblen und interaktiven und der quantitative Ansatz tendenziell einen standardisierten Forschungsstil bevorzugt. Daher müssen auch die wissenschaftlichen Gütekriterien eine Anpassung erfahren. Die wissenschaftlichen Gütekriterien geben vor, wie Forschende im Rahmen ihres Forschungsprozesses agieren sollten, damit möglichst objektive, zuverlässige und gültige Aussagen entstehen. Diese Gütekriterien orientieren sich aber stark an der quantitativen Forschung. Eine vollständige Standardisierung und Generierung von Objektivität ist im Rahmen der qualitativen Forschung schwer möglich; stattdessen ist die genaue Dokumentation des Vorgehens und der Interpretation wichtig.

Das Gütekriterium der Objektivität unterscheidet sich somit in beiden Methodenarten. Im Rahmen der quantitativen Forschung erfolgt eine eindeutige Einteilung der Objektivität in die Unterarten der Durchführungs-, Auswertungs- und Interpretationsobjektivität. Jede Untersuchung sollte unbeeinflusst von der Person des Forschers, den umgebenden Situationen und dem Zeitpunkt der Untersuchung sein. Das kann am besten gelingen, wenn eindeutige Vorgaben existieren, wie Forschende während und nach der Untersuchung vorgehen sollen. Nehmen wir an, Sie würden eine Befragung mittels Fragebogen in einer Schulklasse durchführen. Die Durchführungsobjektivität würden Sie dann gewährleisten, wenn Sie sich während der Durchführung genauso verhalten wie Ihr Kollege in der Parallelklasse. Hierfür müssten genaue Instruktionen vorliegen, d. h., was Sie z. B. den Schülern vorm Ausfüllen des Fragebogens mitteilen oder wie Sie auf Fragen der Schüler reagieren. Ihr Verhalten oder das Ihres Kollegen wäre (nahezu) identisch. Ähnliches gilt dann für die Auswertungsobjektivität: Egal, ob Sie den Fragebogen auswerten oder ein anderer Forscher, Sie würden ihn identisch auswerten. Dies gelingt, weil Sie klare Antwortvorgaben haben und diesen Antworten immer vorher festgelegte, identische Zahlen zuweisen und sich für identische statistische Auswertungsmethoden entscheiden würden. Letztendlich sollte noch gewährleistet werden, dass die Interpretation der Daten objektiv vorgenommen wird. Auch hier würden zwei Forschende zu identischen Aussagen gelangen, indem sie die eindeutig festgelegten statistischen Grundlagen für Dateninterpretationen nutzen. Während die quantitative Forschung sich auf vollkommene Standardisierung und Unabhängigkeit vom Forscher und der Situation beruft, bezieht sich die qualitative Forschung genau auf eine solche Abhängigkeit. Grundlage sind die Situation und die subjektive Bewertung (des Beforschten und des Forschenden). Objektivität bekommt somit im Kontext des qualitativen Ansatzes eine ganz andere Bedeutung und meint eher eine positive, detailreiche Darlegung der Subjektivität. Der Forschende muss darlegen, warum er zu bestimmten subjektiven Bewertungen gekommen ist und seine Interpretation argumentativ aufzeigen. Nur durch eine genaue Dokumentation – z. B. auch der eigenen Vorannahmen – und ein transparentes Vorgehen können die Schritte des Forschungsprozesses von Außenstehenden nachvollzogen werden (vgl. Döring/Bortz, 2016, S. 112 f.).

Das zweite quantitative Gütekriterium nennt sich Reliabilität. Reliabilität versucht, eine möglichst hohe Zuverlässigkeit bzw. Stabilität der Ergebnisaussagen zu schaffen. Aussagen, die Sie auf Basis eines Fragebogens an einer untersuchten Gruppe erhalten, sollten sich nicht von heute auf morgen ändern. Ansonsten wären die Aussagen starken Fluktuationen unterlegen und man bräuchte eigentliche keine quantitative Forschung. Ein guter Fragebogen, den Sie eine Gruppe mehrfach ausfüllen lassen, sollte demnach zu ähnlichen und damit stabilen Ergebnissen führen. Natürlich verändern sich Aussagen und Antworten von Personen über die Zeit hinweg. Eine hundertprozentige Reliabilität ist daher auch in der quantitativen Forschung nicht möglich. Dennoch sollte ein statistisches Mindestmaß an Reliabilität eingehalten werden. Reliabilität umfasst noch weitere Aspekte, die für quantitative Forscher relevant sind. So sollten sich Aussagen von Personen in ähnlichen Fragebögen zu demselben Thema gleichen (Paralleltest-Reliabilität), oder auch innerhalb eines Fragebogens sollten ähnliche Fragen in ähnlicher Weise beantwortet werden (Testhalbierungsreliabilität und interne Konsistenz).

Eine qualitative Prüfung der Reliabilität kann sich ebenfalls nicht an der quantitativen Definition und Erfassung derselben orientieren, da beispielsweise eine Messung über verschiedene Zeitpunkte hinweg nur durch ein standardisiertes Vorgehen möglich wäre. Einen Interviewpartner ein zweites Mal aufzusuchen und ihm die gleichen Fragen zu stellen, würde zu anderen Aussagen führen. Es ist sehr unwahrscheinlich, dass der Interviewte nochmals genau dieselben Sätze formuliert. Da zudem der Forschende ebenfalls Bestandteil der qualitativen Forschung ist, wäre auch der Interaktions- und Deutungsprozess gestört. Ähnliche Überlegungen gelten für die anderen Formen der Reliabilitätsmessung. Das wissenschaftliche Gütekriterium der Reliabilität ist somit nicht von der quantitativen auf die qualitative Forschung übertragbar.

Ein besonders großes Augenmerk legen sowohl die quantitative als auch die qualitative Forschung auf die Festlegung eines eigenständigen Validitätsbegriffs. Mit Validität ist die Gültigkeit von Aussagen gemeint. Im quantitativen Sinne versteht man darunter, dass der Inhalt, den man untersuchen möchte, auch tatsächlich untersucht wird. Das mag erstmal trivial klingen, ist aber von großer Bedeutung. Forschende können nicht sicher sein, ob sie mit festgelegten Frage- und Antwortvorgaben tatsächlich den Kern des Inhalts treffen. Befragte Personen könnten die Fragen missverstehen oder auch einfach einen ganz anderen Aspekt einer Frage beantworten. Stellen Sie sich beispielsweise vor, dass Sie einen Fragebogen zum Thema Glücksempfinden am Arbeitsplatz entwerfen sollen. Dabei ist es problematisch, dass der Faktor Glück in konkrete Fragen und Antworten gefasst und speziell auf verschiedene Arbeitsplätze bezogen werden muss. Wie entwickeln Sie diese Fragen und Antworten? Wie sicher können Sie sein, dass Sie tatsächlich das Glücksempfinden erfragen und nicht etwa nur die Arbeitszufriedenheit? Um Fragen und Antwortvorgaben zu entwickeln, könnten Sie sich auf bereits existierende wissenschaftliche Untersuchungen zum Thema Glück beziehen. Dieses Vorgehen sichert die Inhaltsvalidität. Der Forschende kann aber auch quantitative Kennzahlen berechnen, indem er Ergebnisse seines Fragebogens an derselben Gruppe mit Ergebnissen inhaltlich identischer Fragebögen vergleicht. Falls diese Fragebögen nicht existieren, könnte er sich fachlichen Rat einholen und Experten bitten, seinen Fragebogen zu bewerten. Diese Vorgehensweisen werden u. a. unter dem Begriff Kritieriumsvalidität zusammengefasst. Der Forschende sucht sich somit Kriterien, durch die er seinen Fragebogen vergleichen kann. Glück ist ein persönliches Konstrukt, d. h. es ist nicht direkt messbar, sondern muss durch Definitionen des Forschenden für die Untersuchung messbar gemacht werden. Beispielsweise werden für das Messen von Glück in einem Fragebogen Fragen zum Einkommen (Bruttojahreseinkommen) oder auch die sozialen Beziehungen (Anzahl der engen Freunde) betreffend konzipiert. Diese Festlegung nennt man Konstruktvalidität. Bei der Betrachtung der Konstruktvalidität wird statistisch geprüft, ob ähnliche Definitionen von Glück stark und unähnliche Definitionen wenig miteinander zusammenhängen. Die quantitative Forschung nutzt dafür i. d. R. Korrelationen. Fragen zum Thema Glück sollten von Personen, die als glücklich kategorisiert werden, gleich beantwortet werden, und diese Aussagen sollten den Antworten von Personen, die als unglücklich eingeordnet werden, statistisch widersprechen. Um eine Person als glücklich oder unglücklich kategorisieren zu können, werden Fragebögen und Tests eingesetzt, die bereits zum Thema Glück vorhanden sind. Es wäre auch möglich, vorab Personen qualitativ zu ihrem Glücksempfinden zu interviewen.

In der qualitativen Forschung ist zwar auch prinzipiell fraglich, ob das, was gemessen werden soll, auch tatsächlich gemessen wird. Korrelationsstudien kommen aber nicht zur Anwendung. Eine gute Fehlerreflexion und die ständige Überprüfung der Authentizität der verbalen oder visuellen Informationen im Verlauf eines Interviews oder einer Beobachtung (vgl. Döring/Bortz, 2016, S. 109 f.) gewährleisten Validität. Auch der Überprüfung durch andere Personen – z. B. durch Experten – kommt eine hohe Bedeutung zu. Im Rahmen der argumentativen Validierung findet zwischen Forschenden ein Austausch statt, um festzustellen, ob verschiedene Auswerter von qualitativen Daten zu ähnlichen Interpretationen gelangen. Weiterhin findet dabei auch ein kommunikativer Austausch mit den untersuchten Personen statt (kommunikative Validierung). Die Personen können im Nachhinein gefragt werden, ob ihre Antwort mit der Interpretation des Forschenden übereinstimmt. Die qualitative Forschung besitzt noch weitere, ihrer Grundhaltung entsprechende, Gütekriterien. Eine qualitative Forschung sollte authentisch sein. Die Authentizität der Untersuchung soll durch eine Nähe zum Feld und zur befragten Person geschaffen werden, wobei vom Forschenden trotzdem die Regeln der qualitativen Forschung eingehalten werden müssen. Diese Regeln sind weniger standardisiert als in der quantitativen Forschung.

Auch die Einnahme von unterschiedlichen Perspektiven durch Anwendung mehrerer qualitativer Verfahren oder eine Kombination mit quantitativen Methoden kann die Güte einer Untersuchung sichern. Nach Abschluss von Einzelinterviews zu einem bestimmten Thema könnte beispielsweise eine Gruppendiskussion unter den zuvor interviewten Personen zu diesem Thema stattfinden, und es könnten sich auf diese Weise neue Sichtweisen durch die Gruppenperspektive und den Austausch der Interviewten untereinander ergeben. Genauso gut könnte nach einem Interview ein quantitativer schriftlicher Fragebogen konstruiert werden, der auf den Interviewergebnissen aufbaut und nun beispielsweise die Stärke von bestimmten Emotionen und Verhaltensweisen messen soll. Durch dieses Vorgehen bekommen die Forschenden ebenfalls neue Erkenntnisse zum untersuchten Thema. Dieses Gütekriterium nennt sich Triangulation. Eine Übersicht über eine mögliche Charakterisierung der Gütekriterien in quantitativer und qualitativer Forschung stellt Tabelle 1.3 dar.

Tabelle 1.3: Gütekriterien in quantitativer und qualitativer Forschung im Vergleich

Gütekriterium	quantitative Forschung	qualitative Forschung
Objektivität	Standardisierung	Transparenz und ggf. Standardisierung
	▪ Durchführungsobjektivität ▪ Auswertungsobjektivität ▪ Interpretationsobjektivität	▪ Nachvollziehbarkeit ▪ systematische Dokumentation ▪ Interpretation und Ergebnisse absichern, z. B. mit Beforschten oder mit Forschenden
Reliabilität	Stabilität, Genauigkeit, Zuverlässigkeit	Zuverlässigkeit
	▪ Retest-Reliabilität ▪ Paralleltest-Reliabilität ▪ Testhalbierungsreliabilität ▪ interne Konsistenz	▪ Triangulation ▪ ggf. Beobachterreliabilität ▪ keine Widersprüche zwischen den Forschenden

Gütekriterium	quantitative Forschung	qualitative Forschung
Validität	Gültigkeit	Gültigkeit
	Inhaltsvalidität	Inhaltsvalidität
	Kriteriumsvalidität ▪ interne Kriteriumsvalidität ▪ (andere Fragebögen) ▪ externe Kriteriumsvalidität, z. B. Expertenmeinung	▪ konsensuelle kommunikative Validität (mehrere Forschende tauschen sich aus und finden einen Konsens) ▪ dialogische, kommunikative Validität (Beforschte und Forschende tauschen sich aus) ▪ argumentative Validität (Laien und Forschende tauschen sich aus)
	Konstruktvalidität ▪ konvergente Validität (hohe Zusammenhänge zwischen ähnlichen Konstrukten) ▪ diskriminante Validität (geringe Zusammenhänge zwischen unähnlichen Konstrukten)	Konstruktvalidität ▪ Untersuchung ähnlicher Fälle und Situationen

ÜBUNG 1.4

Schauen Sie sich Tabelle 1.3 nochmals an. Obwohl beschrieben wurde, dass die Reliabilität in der qualitativen Forschung nicht definiert ist, wurden mehrere Begriffe genannt. Hierbei handelt es sich um Vorschläge. Was würden Sie unter den Begriffen verstehen? Wie würden Sie argumentieren, sodass diese Begriffe sinnvoll verwendet werden können?

TIPP:

Nehmen Sie die Argumentation abermals intuitiv vor. Überlegen Sie, was die Begriffe bedeuten könnten.

In Kapitel 1 haben Sie einen Einblick in die Forschungsansätze sowie in die Gütekriterien der qualitativen und quantitativen Tradition erhalten. Tabelle 1.4 gibt noch einmal einen Überblick über die Methoden und dient gleichsam als Vorbereitung für das nächste Kapitel, in dem der Ablauf eines qualitativen Forschungsprozesses thematisiert wird.

Tabelle 1.4: Einteilung der qualitativen und quantitativen Methoden

Erhebungsmethoden	qualitativer Ansatz	quantitativer Ansatz
Beobachtung	unstandardisiert	standardisiert
	teilnehmend	nicht teilnehmend
Befragung	mündliches Interview	schriftlicher Fragebogen
Experiment	nicht experimentelle Feldforschung	experimentelle Laborforschung
Auswertungsmethoden	diverse interpretative Verfahren	diverse statistische Verfahren

In Tabelle 1.4 erkennen Sie, dass Beobachtungen bei qualitativen Forschungen überwiegend nicht standardisiert ablaufen. Standardisiert bedeutet in diesem Fall, dass ein Beobachtungsplan mit vorab definierten Verhaltensweisen erstellt wurde und die gesamte Beobachtung begleitet. Tauchen bestimmte Verhaltensweisen auf, werden diese auf Basis eines Codierungssystems später in Zahlen überführt, die statistisch ausgewertet werden können. Weiterhin werden vermehrt teilnehmende Beobachtungen zur Prüfung qualitativer Fragestellungen eingesetzt, d. h. der Forschende nimmt direkt am Beobachtungsgeschehen teil. Das verdeutlicht das interaktive Prinzip qualitativer Forschung. Beim quantitativen Ansatz würde der Forschende sich dagegen außerhalb des Beobachtungsgeschehens positionieren oder möglicherweise auch Videokameras einsetzen, um sich selbst als Störgröße zurückzunehmen.

Die quantitative Forschung ist zudem bekannt für den Einsatz schriftlicher Fragebögen, qualitative Forschung nutzt dagegen eher Interviews zur Datenerhebung. Beide Methoden können dabei noch weiter ausdifferenziert werden, z. B. in Einzel- oder Gruppeninterview oder eine schriftliche Befragung, die postalisch oder online stattfindet.

Bei Experimenten setzt der quantitative Ansatz auf die zufällige Auswahl von Versuchspersonen und eine möglichst hohe Vermeidung von Fehlereinflüssen durch den Einsatz von Kontrollgruppen sowie standardisierten Bedingungen, was eher im Labor als im Feld möglich ist. Mit Labor ist die künstliche Situation gemeint, in der z. B. ein Experiment stattfindet, beispielsweise ein Raum, der Licht- und Lärmeinflüsse isolieren kann. Das Feld, im Gegensatz dazu, ist ein natürliches Umfeld, in dem z. B. eine Beobachtung stattfindet, u. a. zu Hause, in einem Krankenhaus oder in einer Schule. In einem natürlichen Umfeld können wesentlich mehr Ablenkungen und unkontrollierbare Faktoren auftreten. Die qualitative Forschung möchte genau diese Fehlereinflüsse und die Natürlichkeit der Situation als Gegenstand erforschen.

Beiden Forschungsrichtungen ist aber gemeinsam, dass sie über sehr vielfältige Auswertungsmethoden verfügen, wobei die qualitative Forschung durch ihre interpretativen Verfahren mehr Auswahlmöglichkeiten anzubieten scheint (vgl. u. a. Grounded Theory, qualitative Inhaltsanalyse oder hermeneutische Verfahren). In der quantitativen Forschung hängt die Wahl der Auswertungsmethode dagegen sehr stark von der Skalierung der Antworten im Fragebogen ab.

Zusammenfassung

Die qualitativen Methoden haben sich aus einer Vielzahl theoretischer Ansätze entwickelt. Dabei gibt es unterschiedliche Schwerpunkte:

- Die Phänomenologie fordert ein Hervordringen zum „wahren Wesen" aller Dinge, weil die Lebenswelt durch feste Theorien, Traditionen oder auch Vorwissen überlagert ist.
- Die objektive Hermeneutik setzt ein Vorwissen von sprachlichen Inhalten voraus und erweitert dieses durch eine zirkelhafte Wechselbeziehung zwischen einzelnen Teilen des Materials und größeren Textelementen.
- Der symbolische Interaktionismus konzentriert sich auf die aktuellen Handlungen von Personen in aktuellen Situationen und weist ihnen Bedeutungen zu.
- Die Ethnomethodologie untersucht die Selbstverständlichkeit und die Irritationen in Alltagshandlungen und versucht auf diese Weise zu einem tieferen Verstehen sozialer Zusammenhänge zu gelangen.

Die genannten Theorien haben bis heute einen starken Einfluss auf die Prinzipien des qualitativen Forschens. So kann die Phänomenologie als eine allgemeine Grundlage aufgefasst werden, die eine Reflexion von Vorurteilen und festen Einstellungen beim Forschenden voraussetzt, um andere Menschen zu verstehen. Die objektive Hermeneutik bezieht Interpretationen ein, die sich auf einzelne Wörter oder Sätze gründen und die dadurch eine andere Sichtweise ermöglichen als beim Betrachten eines Textes als Ganzes oder in einem bestimmten Kontext. Sowohl der symbolische Interaktionismus als auch die Ethnomethodologie erfahren u.a. in qualitativen Beobachtungsstudien praktische Anwendung.

Die beschriebenen theoretischen Ansätze gehen mit einer eigenständigen Ausrichtung der qualitativen Forschung einher, die sich von quantitativer Forschung unterscheidet. Besonders deutlich wird dies bei der Prüfung und Sicherstellung der Gütekriterien Objektivität, Reliabilität und Validität. Jedoch finden sich auch etliche Gemeinsamkeiten zwischen beiden Disziplinen, die ein Denken in Gegensatzpolen nicht rechtfertigen würden. Die sich derzeit etablierende Forschungscommunity der Mixed-Methods legt den Fokus auf die Integration beider Erkenntnisziele und stellt eine der aktuellsten Entwicklungen in der Forschungslandschaft dar. Dabei werden zur Untersuchung eines Gegenstands Methoden der qualitativen mit Methoden der quantitativen Forschung kombiniert.

Aufgaben zur Selbstüberprüfung

AUFGABE 1.1:

Stellen Sie sich folgende Beobachtungssituation vor:

> Psychologen beobachten einen belebten Marktplatz. Plötzlich erscheinen dort zwei Personen, die sich anderen Personen mehrmals in den Weg stellen, folgende Wörter sprechen „Nagay Tanitooni" und sie umarmen wollen. Die Umarmung glückt nicht, sondern wird immer abgewehrt.

Wie würden Vertreter der vier grundlegenden Theorien der qualitativen Forschung diese Beobachtungssituation jeweils beschreiben?

AUFGABE 1.2:

Was versteht man unter dem normativen und dem interpretativen Paradigma? Schließen sich beide Paradigmen gegenseitig aus?

AUFGABE 1.3:

Was bedeutet in der qualitativen Methodologie der Begriff Validität? Welche Unterarten der Validität sind zu differenzieren?

2 Ablauf eines qualitativen Forschungsprozesses

In diesem Kapitel erfahren Sie, welche methodologischen Grundlagen ausgewählten qualitativen Erhebungsmethoden zugrunde liegen. Sie können die Charakteristiken eines Interviews darstellen und wissen, welche Interviewmethoden zur Verfügung stehen. Sie haben einen ausführlicheren Einblick in das narrative und das problemzentrierte Interview erhalten und können differenzieren, welche methodologischen Grundlagen sich durch die Wahl eines qualitativen Experiments oder einer unstandardisierten Beobachtung ergeben.
Nach Abschluss dieses Kapitels können Sie ein Interview oder eine teilnehmende Beobachtung durchführen und erkennen, welche Fehlerquellen dabei reflektiert werden müssen. Weiterhin können Sie Aufzeichnungen von qualitativ erhobenem Datenmaterial aufbereiten. Dabei können Sie die Regeln der Transkription anwenden und einschätzen, welche Software zur Aufbereitung und Auswertung qualitativer Daten geeignet ist. Sie sind mit dem wissenschaftstheoretischen Vorgehen der Grounded Theory vertraut und können eine qualitative Inhaltsanalyse durchführen. Sie können nach Bearbeitung dieses Kapitels sowohl das methodische Vorgehen ausgewählter qualitativer Datenerhebungsmethoden als auch Auswertungsmethoden differenzieren und nachvollziehen.

2.1 Erkenntnisziele und Planung der Forschung

Wie bereits im ersten Kapitel deutlich wurde, ist eine theoretische Einordnung der Erkenntnisziele im Rahmen eines Forschungsprozesses wichtig. Ob diese nun eher qualitativen oder quantitativen Ansätzen folgen, bestimmt die jeweilige Methodenauswahl. Zu den Erhebungsmethoden der qualitativen Forschung zählen v. a. die Interviewmethoden, die Gruppendiskussion und die teilnehmende Beobachtung, wobei die Forschung häufiger im Feld als im Labor umgesetzt wird. Quantitative Methoden setzen tendenziell öfter psychometrische Verfahren ein – beispielweise Fragebögen zur Messung von Meinungen, Einstellungen und Verhaltensweisen. Die Messung wird häufig mithilfe von experimentellen Versuchsdesigns im Labor oder standardisierten Vorgaben im Feld durchgeführt. Dabei werden durch die deduktive Vorgehensweise bereits bestehende Theorien und Hypothesen abgeleitet und überprüft. Eine solche Strategie wird gerne als linear bezeichnet, weil es einen fest definierten Start- und Endpunkt im Rahmen des Forschungsprozesses gibt (vgl. Witt, 2001; vgl. Abb. 2.1). Der quantitative Forscher legt die Fragestellung mitsamt ihren Hypothesen fest, wählt eine geeignete quantitative Forschungsmethode – z. B. einen Fragebogen – und die zu befragenden Personen aus. Auf die anschließende Datenerhebung erfolgt unmittelbar die Auswertung unter Berücksichtigung der eingangs gestellten Hypothesen.

In einem qualitativen Forschungsprozess geht man dagegen zirkulär vor: Ein noch nicht genau definiertes Vorwissen besteht bereits zu Beginn der Forschung und wird im Verlauf der Forschung immer mehr erweitert und verfeinert. Qualitative Forscher sind offen in ihrer Theoriehaltung, definieren folglich keine fest umgrenzten Hypothesen und lassen der Theorie im Laufe des Forschungsprozesses Entwicklungsspielraum. Die Theorie entsteht somit erst im Verlauf des Forschungsprozesses durch Interaktion zwischen Forschenden und Beforschten. Dadurch kann sich die Anzahl der untersuchten Personen selbst während des Prozesses noch verändern. Es kann im Verlauf der Ergebnisinterpretation vorkommen, dass die zunächst für die ersten Interviews ausgewählten Personen nicht ausreichen, um zu einer Theoriebildung zu kommen. Bei der quantitativen Forschung ist die Zahl der Befragten von Anfang an fest definiert und nicht veränderlich.

Abbildung 2.1 bereitet die Grundgedanken beider Methodenarten nochmals grafisch auf und verdeutlicht so ihre Unterschiede.

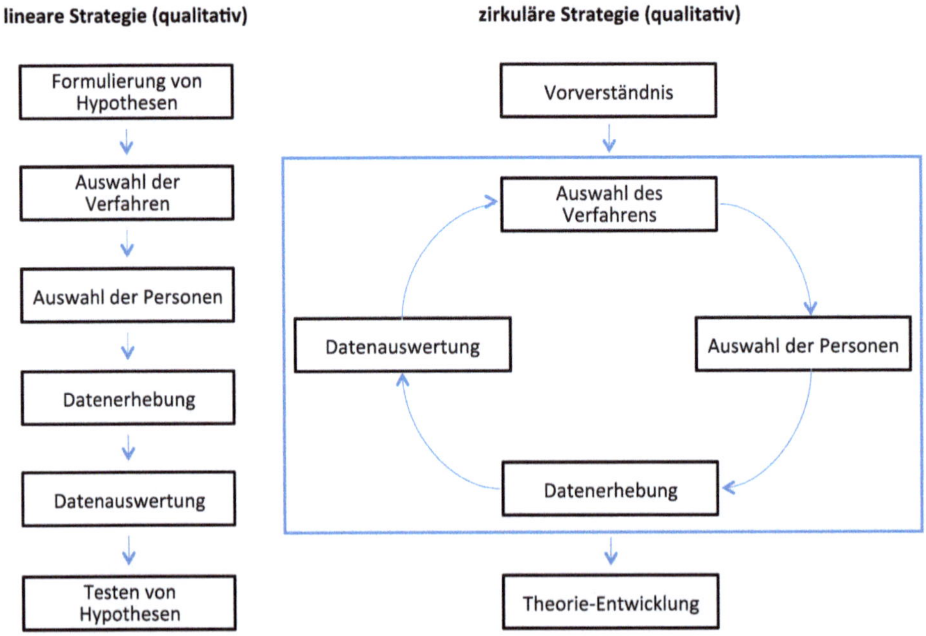

Abb. 2.1: Vergleich des quantitativen und qualitativen Forschungsprozesses (vgl. Witt, 2001, S. 6)

MERKSATZ

Quantitative Forschung geht häufig deduktiv und hypothesenprüfend vor (linear). Qualitative Forschung geht dagegen häufig induktiv und hypothesengenerierend vor (zirkulär). Beide Methodenarten besitzen aber auch Charakteristiken der jeweils anderen Methodenart.

Die klare Abgrenzung in Abb. 2.1. ist somit mit einer gewissen Vorsicht zu betrachten. Dass nämlich von einem linearen Vorgehen in der quantitativen Forschung abgewichen wird, erkennt man beispielsweise bei der Anwendung bestimmter Statistiken. So prüft die deskriptive (beschreibende) Statistik nicht Hypothesen, sondern erkundet Daten. Aus dieser Erkundung können sich Hypothesen entwickeln. Die qualitative Forschung muss dagegen nicht zwangsläufig Hypothesen generieren, sondern kann auch bereits formulierte Hypothesen z. B. auf Grundlage qualitativer Interviews überprüfen. Deutlicher werden die Unterschiede zwischen qualitativer und quantitativer Forschung bei der Stichprobenziehung: Während in der quantitativen Forschung eine feste Anzahl von Personen auf Basis einer Stichprobenziehung ausgewählt wird, ist die Größe der Stichprobe in den qualitativen Methoden flexibel. Sie orientiert sich nicht an Mindestanzahlen, um den Einsatz statistischer Verfahren rechtfertigen zu können, sondern setzt auf eine inhaltliche, theoretische Sättigung. Solange immer wieder neue Sichtweisen auf die Theorie durch Erforschung einer Fragestellung entstehen, wird ein qualitativer Methodiker immer weitere Personen in seine Stichprobe einbeziehen. Sobald keine neuen Aspekte eines Themas auftauchen, wird er die Theorie als gesättigt ansehen und zur Auswertung übergehen. Erst dann würde er von einer inhaltlich repräsentativen Stichprobe sprechen. Eine genauere Darstellung der qualitativen Stichprobenziehung erhalten Sie zusätzlich in Kapitel 2.2.2. In der quantitativen Forschung wird Repräsentativität durch Anwendung probabilistischer Stichprobentechniken – beispielsweise Zufallsstichprobe, geschichtete Stichprobe oder Klumpenstichprobe – und die Bestimmung eines optimalen Stichprobenumfangs erreicht (Poweranalyse). Während demnach die qualitative Forschung auf inhaltliche Repräsentativität setzt, fokussiert die quantitative Forschung eine statistische Repräsentativität.

LESEHINWEIS

Weiterführende Informationen zur Theorie und Praxis repräsentativer Stichproben und Stichprobenvarianten der quantitativen Forschung finden Sie im Buch *Forschungsmethoden und Evaluation* von Döring und Bortz (2016) in Kapitel 9.3 *Stichproben für quantitative Studien* (S. 305–318). Stichprobenvarianten in der qualitativen Forschung werden im Kapitel 9.2 *Stichproben für qualitative Studien* beschrieben (S. 302–304).

Auch wenn die Gegenüberstellung beider Forschungsprozesse keine strikte grundsätzliche Trennung rechtfertigt, wird dennoch deutlich, dass das Erkenntnisinteresse zu Beginn jeglicher Forschung definiert, ob primär quantitative oder qualitative Methoden zum Einsatz kommen.

ÜBUNG 2.1:

Stellen Sie sich vor, Sie arbeiten in einer Werbeagentur und bekommen den Auftrag, eine Studie über den Einfluss eines von Ihrer Firma entwickelten TV-Werbespots auf das aktuelle Kaufverhalten von Personen durchzuführen. Überlegen Sie, für welche Forschungsstrategie Sie sich entscheiden würden und begründen Sie Ihre Wahl. Sehen Sie auch eine Möglichkeit, die andere Strategie zu wählen? Wenn ja, was würde sich beim Forschungsprozess ändern?

TIPP:

Denken Sie bei Ihrer Planung daran, was konkret Sie untersuchen möchten: Wie möchten Sie das Kaufverhalten messen? Wie wollen Sie den TV-Werbespot auswerten? Erst danach richten Sie bitte wieder Ihren Fokus auf die Forschungsstrategie. Eignet sich ein qualitatives oder ein quantitatives Vorgehen zunächst besser?

2.1.1 Methodenauswahl

Wie Sie auf Grundlage von Übung 2.1 feststellen konnten, haben die unterschiedlichen Erkenntnisziele qualitativer und quantitativer Methoden einen direkten Einfluss auf die Hypothesenbildung im Forschungsprozess. Gelingt es Ihnen, Hypothesen durch eine ausführliche Literaturrecherche oder auf Basis eigener Studien zu formulieren, so entscheiden Sie sich für einen standardisierten Versuchsplan, durch den die Hypothesen möglichst gut überprüfbar sind. Im Falle von nur vagem Ausgangswissen entscheiden Sie sich für eine erkundende Studie, welche erst einmal Vermutungen zu einer Theorie aufstellt, die noch weiter untersucht werden müssen und damit einem eher interpretativem Charakter folgen. Bevor wir uns im weiteren Verlauf dieses Kapitels ausschließlich mit qualitativen Methoden auseinandersetzen, beschreiben wir die Methodenaufteilung in der folgenden Abb. 2.2 etwas detaillierter.

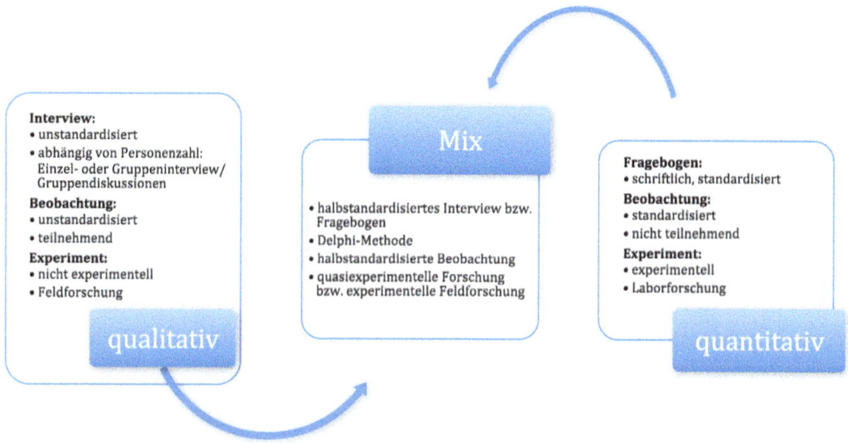

Abb. 2.2: Auswahl an Methoden der qualitativen und quantitativen Forschung mit Mix

HINWEIS

Die genannten Zuteilungen der Methoden bezüglich ihrer Ausrichtung sollten Sie jedoch mit Vorsicht behandeln. Die in Abb. 2.2 dargestellten Zuordnungen beziehen sich bisher nur auf die Erhebungsmethoden. Weiterhin ist zu bedenken, dass alle Einteilungen auch durch andere Faktoren beeinflusst werden, so z. B. durch die Art des gewählten Kontaktwegs (postalisch, Face-to-Face oder online). Der Begriff Mix ist dahingehend zu interpretieren, dass Ansätze aus beiden Richtungen vorhanden sind, jedoch die jeweiligen Methoden in der wissenschaftlichen Literatur vorwiegend einer Grundhaltung – qualitativ oder quantitativ – zugeordnet werden.

Quantitative Forschung wird durch eine Standardisierung charakterisiert; Fragen und Antworten sind beispielsweise bei schriftlichen Fragebögen vorgegeben. Auch Beobachtungen können quantitativ protokolliert werden. Dem Beobachter liegt dann ein standardisierter Bogen vor, der mögliche Verhaltensweisen anführt, deren Häufigkeit und Intensität auf einer Skala festgehalten werden. Der Forschende nimmt sich dabei weitestgehend aus der Beobachtungssituation heraus, indem er nicht am Beobachtungsgeschehen teilnimmt. Auch ein Experiment im Labor ist häufig quantitativer Natur. Qualitative Methoden sind dagegen unstandardisiert und am Feld sowie an der individuellen Situation orientiert. Anhand der Abb. 2.2 können Sie erkennen, dass sich viele Methoden der beiden Forschungsansätze kombinieren lassen. Dies wird beispielsweise durch die genauere Betrachtung der Methode des Interviews deutlich: Durch den variierenden Grad der Standardisierung müssen Interviews in den qualitativen Methoden nicht immer ohne einen Leitfaden (unstandardisiert) auskommen. Es gibt auch die Möglichkeit, einen Mix aus qualitativen und quantitativen Methoden zu nutzen wie z. B. in Form von halbstandardisierten Interviews, die zwar mit einem Leitfaden arbeiten, gleichzeitig aber dem Interviewer erlauben, individuell auf das Geschehen einzugehen. Auch wenn halbstandardisierte Interviews eine qualitative Methode darstellen, so beinhalten sie dennoch gewisse Grundhaltungen der quantitativen Methodik. Ähnliches gilt auch für schriftliche Fragebögen: in diesen können neben Fragen mit klar festgelegten Antwortkategorien auch offene Fragen gestellt werden, sodass die Befragten sich in Textfeldern frei äußern können. Zwar bleibt der Fragebogen dann eine genuin quantitative Methode, besitzt jedoch offene Elemente, die der qualitativen Grundhaltung zugeschrieben werden. Weiterhin können qualitative Forscher mehrere Personen gleichzeitig interviewen, indem sie Gruppeninterviews bzw. Gruppendiskussionen als Methode einsetzen. Auch die quantitativen Forscher setzen eine Variante der Gruppenkommunikation ein, die sich allerdings als sehr strukturiert erweist und mehrere Prozessvorgänge bis zur finalen Interpretation beinhaltet: die Delphi-Methode (vgl. Helmer, 1967).

LESEHINWEIS

Wenn Sie sich eingehender mit der Delphi-Methode beschäftigen wollen, empfehle ich Ihnen folgende Literatur: Helmer, O. (1967). *Analysis of the future: The Delphi method.* Verfügbar unter: http://oai.dtic.mil/oai/oai?verb=getRecord&metadataPrefix=html&identifier=AD0649640 (07.02.2017)

Was für die Befragungsmethoden gilt, gilt ebenfalls für die Beobachtungsmethoden: Letztere können anhand eines festen Beobachtungsplans völlig offen oder unter Zuhilfenahme einer Kombination von festgelegten Hypothesen und induktiven Vorgehensweisen realisiert werden. Wie wir bereits erarbeitet haben, nutzen qualitative Forscher die Interaktion als Basis für jegliches Forschungsvorhaben, sodass der teilnehmenden Beobachtung eine besondere Bedeutung zukommt. Experimentelle Experimente, manchmal auch echte Experimente genannt, sind dagegen eher für Forschungsfragen aus dem quantitativen Ansatz geeignet, da eine repräsentative Stichprobenziehung und die Kontrolle von Versuchsbedingungen – u. a. durch Kontrollgruppen – im Vordergrund stehen. Die qualitative Forschung fokussiert dagegen die Erschließung einer Theorie, die besser im Feld stattfindet und die nicht vorab hinsichtlich der Stichprobe definiert sein muss. Eine Kombination beider Methoden könnte in den quasiexperimentellen Versuchsdesigns gefunden werden, da ein Quasiexperiment keine zufällige Zuteilung zu einer Versuchs- und Kontrollgruppe vornehmen kann, sondern die Personen als natürliche Gruppen untersucht (vgl. Praxisbeispiel 2.1). Letztendlich bleibt ein Quasiexperiment, wenn es statistisch ausgewertet wird, eine Methode, die den quantitativen Methoden zugerechnet wird.

PRAXISBEISPIEL 2.1:

Nehmen wir an, Sie interessieren sich für die Essgewohnheiten Ihrer Kollegen in der Mittagspause und möchten herausfinden, ob Frauen sich in der Firmenkantine gesünder ernähren als Männer. Wenn Sie Ihre weiblichen und männlichen Kollegen nach dem Besuch am Ausgang der Kantine – also im natürlichen Feld – mit einem Ernährungsfragebogen befragen, handelt es sich um ein Quasiexperiment, denn Sie konnten Ihre Kollegen nicht zufällig ihrem Geschlecht zuordnen.

ÜBUNG 2.2:

Recherchieren Sie die Inhalte der Delphi-Methode oder lesen Sie den Originaltext von Helmer. Könnte man die Delphi-Methode auch als Methodenmix ansehen? Begründen Sie Ihre Antwort.

TIPP:

Bei der Bearbeitung der Aufgabe kann Sie Abb. 2.2 unterstützen.

2.1.2 Zielgruppe und ethische Grundsätze

Das Praxisbeispiel 2.1. setzte bereits voraus, dass es Ihnen gelungen ist, Personen für Ihre Befragung auszuwählen, die gerne an Ihrer Untersuchung teilnehmen möchten. Bei dem Umgang mit Personen müssen Forschende sich an ethische Standards halten und diese während Ihrer Forschung stets berücksichtigen. Bevor wir uns im weiteren Verlauf dieses Buchs mit den Methoden, ihrer Auswahl und Anwendung beschäftigen, ist es daher wichtig, die ethischen Grundsätze genau zu kennenzulernen. Jede empirische Untersuchung unterliegt ethischen Grundsätzen, die nicht verletzt werden dürfen, um den Schutz der untersuchten Personen zu gewährleisten.

Als wichtigste ethische Grundsätze müssen wir folgende Anforderungen an empirische Untersuchungen stellen:

- Gewährleistung der psychischen und körperlichen Unversehrtheit und Wahrung der Privatsphäre der Teilnehmer
- ausführliche und für die Teilnehmer nachvollziehbare Aufklärung über die zu erwartenden Untersuchungsabläufe sowie mögliche Risiken
- Sicherstellung einer freiwilligen Teilnahme und jederzeitige Abbruchmöglichkeit
- Vermeidung von Täuschungen
- Sicherstellung der Anonymität der Teilnehmer

Die genannten Grundsätze sind für alle Forschungen verbindlich. In manchen Studien muss darüber hinaus die Ethikkommission eingeschaltet werden: z. B. wenn Probanden bei Experimenten nicht in der Lage sind, freiwillig der Teilnahme zuzustimmen, beispielsweise geistig beeinträchtigte Personen oder Kinder. Dann muss geprüft werden, ob die Untersuchung dennoch durchgeführt werden kann. Auch bei größeren wissenschaftlichen Forschungsprojekten, die durch Drittmittel finanziert werden, möchten sich die Auftraggeber häufig juristisch absichern. Prinzipiell können alle Studien zuvor durch die Ethikkommission geprüft werden – sie müssen aber nicht. Wenn die oben genannten Kriterien erfüllt sind, kann der Forschende die ethische Verantwortung auch ohne Prüfung tragen. Mittlerweile besitzt jedoch jede Universität eine lokale Ethikkommission, sodass eine Prüfung durchaus in Erwägung gezogen werden sollte, um sich beispielsweise während des Studiums bei Forschungen abzusichern. Ethikkommissionen sind besonders in den Fächern Psychologie und Medizin von Bedeutung und haben sich dort etabliert. Neben universitären Kommissionen gibt es auch Ethikkommissionen der Länder.

MERKSATZ

Die ethischen Kriterien sind Vorschriften und von jedem Forschenden zu beachten und einzuhalten! Sind Sie bei Ihrer Forschung unsicher, ob Sie ethische Kriterien verletzen, wenden Sie sich an eine Ethikkommission. Verstöße gegen die Kriterien werden beispielsweise in der Berufsgruppe der Psychologen gerichtlich durch das Ehrengericht der Deutschen Gesellschaft für Psychologie e. V. bzw. des Berufsverbands Deutscher Psychologinnen und Psychologen e. V. geahndet.

ÜBUNG 2.3:

Überlegen Sie, warum die ethischen Grundsätze formuliert wurden. Denken Sie sich hierfür eine beliebige qualitative oder quantitative Untersuchungssituation aus. Was würde passieren, wenn Sie die ethischen Kriterien in einer Untersuchung missachten?

TIPP:

Denken Sie beispielsweise an ein Interview, eine Beobachtung oder einen Fragebogen, die in einer konkreten Situation durchgeführt werden. Sie können bei dieser Übung auch eine kleine Tabelle mit zwei Spalten anlegen. Schreiben Sie in die linke Spalte, um welchen ethischen Grundsatz es sich handelt und in die rechte Spalte, stichpunktartig, was Sie an dieser Richtlinie positiv finden. Wenn Ihnen kein positives Stichwort einfällt, vergeben Sie ein Fragezeichen.

Sie haben sich in der Übung 2.3 für eine quantitative oder für eine qualitative Methode entschieden. Um die Grundlagen und Techniken qualitativer Methoden später genauer zu erarbeiten, sollten wir uns zunächst die Frage stellen, ob die genannten ethischen Kriterien überhaupt auf die Erkenntnisziele der qualitativen Forschung übertragbar sind bzw. ob sie überhaupt übertragen werden müssen:

> *„Da qualitatives Forschen in der Regel auf die Zusammenarbeit von Forschenden und Teilnehmenden aufbaut, was wiederum wechselseitige Offenheit voraussetzt, könnte man auf den Gedanken kommen, dass die qualitative Forschung auch keine ethischen Probleme aufwirft."* (Hussy et al., 2013, S. 281)

ÜBUNG 2.4:

Können Sie die fünf genannten ethischen Grundsätze auf die qualitative Forschung übertragen? Stellen Sie sich dabei abermals eine konkrete Situation vor, etwa, dass Sie eine Person zu ihrer persönlichen Lebensgeschichte interviewen möchten.

TIPP:

Denken Sie bei der Übung an eine konkrete qualitative Methode, z.B. an die Durchführungen eines Interviews oder einer teilnehmenden Beobachtung. Als vertiefende Lektüre empfehle ich Ihnen die Webseiten der Deutschen Gesellschaft für Psychologie (DGPS) und des Bunds Deutscher Psychologen (BDP). Verfügbar unter: https://www.dgps.de/index.php?id=96422 (14.02.2017)

Im Rahmen der Übung 2.4 haben Sie die ethischen Kriterien beim Einsatz qualitativer Methoden bereits anfänglich beurteilt, und es ist Ihnen wahrscheinlich klar geworden, dass Sie allein durch den Einsatz rein qualitativer Methoden keine ethischen Probleme umgehen können. Vielmehr sind vereinzelte qualitative Methoden sogar besonders gefährdet, ethische Grundsätze bei ihrem Einsatz zu verletzen. Bei einer verdeckten Beobachtung findet keine Information der beobachteten Teilnehmer statt. Die Personen wissen nicht, dass sie beobachtet werden. Eine solche Vorgehensweise ist äußerst unethisch, der Einsatz dieser Methode muss daher genau abgewogen werden. Das gilt nicht nur für verdeckte Beobachtungen im engeren Sinn, sondern z. B. auch für die geheime Aufzeichnung von Chatprotokollen im Internet, die eine Verletzung der Privatsphäre darstellen würde. Was würden Sie sagen, wenn jemand Ihre sozialen Netzwerkprofile analysiert, ohne Sie vorab darüber zu informieren? Auch in Interviews oder Gruppendiskussionen können ethisch problematische Situationen auftreten (vgl. Praxisbeispiel 2.2).

PRAXISBEISPIEL 2.2:

Es findet eine Gruppendiskussion zum Thema Ausländerfeindlichkeit statt. Konkret soll es um folgende Frage gehen: Soll Deutschland die Einrichtung von Flüchtlingsunterkünften reduzieren und sich nicht mehr so stark in der Flüchtlingshilfe engagieren? Die Forschenden erwarten einen hohen Anteil an Contra-Argumenten, beabsichtigen aber herauszufinden, welche Pro-Argumente die Teilnehmer anbringen. Um dies effektiver herauszufinden, nutzen Sie die Technik eines Strohmanns (engl. *stooge*), d. h. ein Forscher gibt sich als aktiver Teilnehmer aus und heizt die Diskussion gezielt durch Pro-Argumente an.

Forschende müssen ihr Verhalten bzw. ihren Umgang mit der gewählten Methode in allen Phasen der Forschung hinterfragen. Dabei sollten auch die persönlichen Empfindungen, die körperlichen Reaktionen und der kulturelle, soziale und biologische Hintergrund der Untersuchungspersonen (= Zielgruppe) genauer beleuchtet werden. So kann z. B. allein das Alter der Personen bereits eine Variable darstellen, die zu ethischen Dilemmata führen kann. Handelt es sich bei den untersuchten Personen um Kinder, so kann der Forscher nicht gewährleisten, dass sie der Untersuchung freiwillig zustimmen. Der Zweck und die Inhalte der Forschung könnten kognitiv noch nicht so verstanden und abgeschätzt werden wie von einer erwachsenen Person. Daher müssen stellvertretende Personen, z. B. die Eltern, über die Untersuchung aufgeklärt werden und eine stellvertretende Zustimmung eingeholt werden. Diese Problematik der (nicht gegebenen) informierten und freiwilligen Zustimmung könnte sich auch bei noch vielen anderen Zielgruppen ergeben. Beispielweise könnten u. U. auch ältere Personen krankheitsbedingt – etwa bei Demenzerkrankungen – keine freiwillige Zustimmung erteilen.

MERKSATZ

Qualitative Methoden sind nicht von ethischen Problemen befreit, sondern müssen stets – je nach gewählter Methode mehr oder minder ausgiebig – überprüft werden. Insbesondere bei größeren wissenschaftlichen Forschungsvorhaben wird die Stellungnahme einer Ethikkommission vorausgesetzt. Bereits die Auswahl der Teilnehmenden sollte bewusst erfolgen, da manche Zielgruppen ethische Probleme bedingen können.

2.2 Methodenauswahl und -durchführung

Ein Forschungsablauf besteht immer aus charakteristischen Schritten, die durchlaufen werden müssen (vgl. Abb. 2.1). In den folgenden Unterkapiteln werden wir uns ausschließlich mit qualitativen Erhebungsmethoden beschäftigen. Dabei berücksichtigen wir das systematische Vorgehen von der Entscheidung für eine bestimmte Methode über die nachfolgende Planung des Vorgehens bis hin zur konkreten Durchführung. Die begleitenden Übungen werden Sie dabei unterstützen, die methodischen Grundlagen praktisch anzuwenden und die Vor- und Nachteile der unterschiedlichen Stufen des Forschungsprozesses zu reflektieren.

Bevor wir nun einzelne qualitative Methoden genauer unter die Lupe nehmen, müssen wir diese kategorisieren und damit unsere bisherige Sichtweise auf die qualitative Forschung erweitern. Die am häufigsten angewandten Methoden sind nicht- und halbstandardisierte Techniken für verbale und visuelle Datengewinnung.

Verbale Datengewinnung

Vor der Gewinnung von verbalen Daten müssen Sie zunächst die Entscheidung treffen, ob Sie eine mündliche Befragung mit einer Person, ein Interview, durchführen oder mehrere Personen gleichzeitig befragen, also eine Gruppendiskussion durchführen möchten (vgl. Abb. 2.3). Anstelle des Begriffs Gruppendiskussion kann auch der Begriff Gruppeninterview oder Fokusgruppe verwendet werden. In einer Fokusgruppe verfügen die teilnehmenden Personen meistens über gemeinsame Erfahrungen oder Merkmale, die sie anhand eines Forschungsthemas kommunizieren können; sie haben also einen gemeinsamen Fokus. Es kann auch sein, dass der Forschende einen Fokus für die Gruppendiskussion schafft, indem er der Gruppe einen Film, einen Presseartikel oder bestimmte wissenschaftliche Ergebnisse zeigt und sie motiviert, sich darüber zu unterhalten. Sie können miteinander darüber diskutieren und der Interviewer kann die Aussagen im Rahmen des Gruppengeschehens analysieren. Gruppendiskussionen sind

> *„interessant, weil:*
> - *Meinungen und Positionen sich erst bei Gesprächen mit anderen entwickeln bzw. verfestigen*
> - *während des Redens/Diskutierens mit anderen bestimmte Aspekte eines Problems klarer werden*
> - *die geladenen Personen gegenüber anderen einen Standpunkt einnehmen*
> - *Gemeinsamkeiten und Unterschiede der TeilnehmerInnen sichtbar werden und TeilnehmerInnen gemeinsame Erfahrungen erkennen."*
>
> *(Dabringer, o. J., S. 2)*

Nachdem wir die Gewinnung verbaler Daten anhand der Personenzahl als Einzel- oder Gruppeninterview klassifiziert haben, erfolgt in einem nächsten Schritt die Festlegung des Standardisierungsgrads. Arbeitet der Interviewer mit einem Leitfaden von Fragen, den er auf Basis seiner theoretischen Recherche erstellt hat, handelt es sich um ein halbstandardisiertes Interview. Es wird halbstandardisiert genannt, da der Interviewer meist weitere Fragen während des Interviews entwickelt und ergänzt, die er vorher noch nicht geplant hatte. Diese Interviewform lässt also bewusst Raum für neue Aspekte und setzt Fragen flexibel ein. Zu dieser Art von Interviews gehören z. B. das problemzentrierte Interview nach Witzel (1982) oder das fokussierte Interview, welches wir an anderer Stelle noch näher beleuchten werden (vgl. Kapitel 2.2.1 oder Hussy et al., 2013, S. 226). Offene, nicht standardisierte Interviews charakterisieren sich dagegen durch den alleinigen Einsatz offener Fragen, die eine Person zum Erzählen anregen sollen. Weiterführende Fragen entwickelt der Interviewer im Verlauf, um den Erzählfluss des Befragten zu fördern und damit die Interviewsituation einem normalen Gespräch ähnelt. Beispiele für nicht standardisierte Interviews sind das narrative Interview und das Tiefeninterview. Auch diese Verfahren werden wir noch intensiv betrachten (vgl. Kapitel 2.2.1).

Gruppendiskussionen verlaufen standardisiert und werden von einem Interviewer moderiert. Sie dienen, wie bereits oben erwähnt, dem Zweck, sich einen schnellen und ökonomischen Eindruck über Einstellungen zu einem vorab festgelegten Thema zu verschaffen und nutzen zudem die Interaktion innerhalb der Gruppe. In Abb. 2.3 werden die Möglichkeiten zur Gewinnung verbaler Daten in einem Ausschlussdiagramm zusammengefasst.

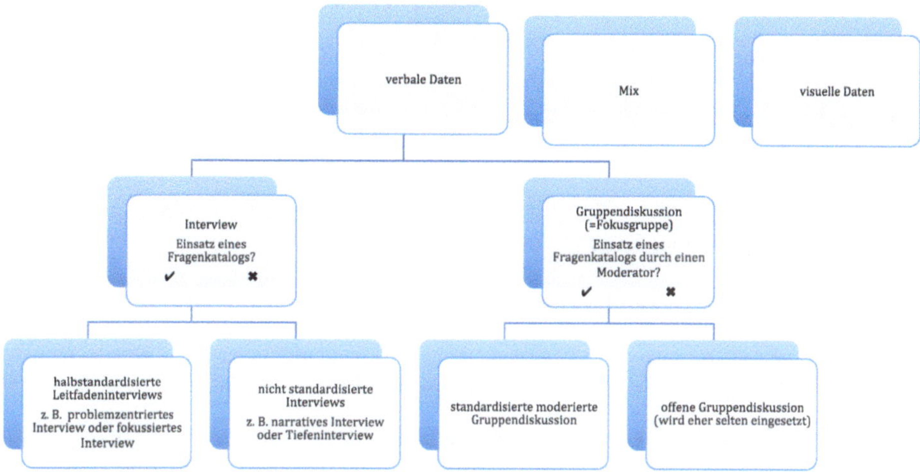

Abb. 2.3: Ausschlussdiagramm für verbale Datengewinnung

Visuelle Datengewinnung

Bei der Erhebung visueller Daten (vgl. Abb. 2.4) wird in der qualitativen Forschung am häufigsten die Methode der Beobachtung eingesetzt. Wie bereits bei verbalen Daten kann auch eine Beobachtung strukturiert werden: Ein Beobachtungsplan beinhaltet mögliche konkrete Verhaltensweisen der Beforschten, die vorab vom Forschenden theoretisch bestimmt wurden und im Beobachtungsplan protokolliert werden. Hält sich der Forschende strikt an diesen Plan und die festgelegten Symbole und Regeln, handelt es sich um eine standardisierte Beobachtung, wie auch in Praxisbeispiel 2.3.

PRAXISBEISPIEL 2.3

Nehmen wir an, Sie arbeiten im Bereich Human Resources und sind für die Personalauswahl zuständig. Im Rahmen von Bewerbungsverfahren betreuen Sie auch Assessment-Center. Sie möchten eine kleine Gruppe von Bewerbern während einer Gruppendiskussion beobachten und anschließend bewerten. Dazu haben Sie einen standardisierten Beobachtungsplan entworfen (vgl. Tab. 2.1).

Tabelle 2.1: Beispiel eines Beobachtungsplans

BEOBACHTERBOGEN: GRUPPENDISKUSSION / PRÄSENTATION

Ort und Zeit: ....

Beobachter: .... Bewerber: ....

Dimension Kommunikation/Teamfähigkeit/Offenheit/Toleranz

	trifft zu	trifft weitgehend zu	trifft weitgehend nicht zu	trifft nicht zu
1. Bringt sich in Diskussion ein.				
2. Lässt Andere ausreden.				
3. Geht auf Argumente Anderer ein.				
4. Kann Kompromisse eingehen.				

Dimension inhaltliche Argumentationsfähigkeit/Anpassungsfähigkeit/Belastbarkeit

	trifft zu	trifft weitgehend zu	trifft weitgehend nicht zu	trifft nicht zu
1. Inhaltlich relevante Argumente werden vorgetragen.				
2. Die eigenen Argumente werden begründet.				
3. Die eigenen Argumente tragen wesentlich zur Struktur der Diskussion bei.				
4. Kann Kompromisse eingehen.				

BEOBACHTERBOGEN: GRUPPENDISKUSSION / PRÄSENTATION

Dimension Präsentationsfähigkeit/-reife	trifft zu	trifft weitgehend zu	trifft weitgehend nicht zu	trifft nicht zu
1. Macht Vorschläge zur Präsentationsgestaltung.				
2. Setzt Hilfsmittel wie z.B. Flipcharts für die Präsentationsgestaltung ein.				
3. Beteiligt sich an der mündlichen Präsentation.				
4. Die Präsentation wirkt strukturiert.				
5. Die Person wirkt sicher in ihrem Auftreten durch z.B. Körpersprache und Ausdruck.				

Es ist jedoch eher selten, dass ein solch strikt standardisiertes Vorgehen in der Praxis realisiert werden kann, sodass wir den Begriff halbstandardisierte Beobachtung verwenden. Dadurch kennzeichnen wir, dass der Beobachter durchaus immer auch Verhaltens- und Erlebensweisen protokolliert, die er zuvor nicht bedacht haben kann und die er im Beobachtungsplan vorab nicht berücksichtigen konnte.

Eine Beobachtung differenziert sich aber nicht nur nach dem Grad der Standardisierung, sondern auch nach der Rolle des Beobachters. So kann ein Beobachter selbst Bestandteil des Beobachtungsgeschehens sein, indem er an den Interaktionen aktiv teilnimmt. Er kann sich aber auch außerhalb des beobachteten Geschehens aufhalten und Interaktionen mit beobachteten Personen ablehnen.

PRAXISBEISPIEL 2.4:

Im Rahmen eines Assessment-Centers können Bewerber beobachtet werden, indem die Beobachter an einem Tisch sitzen und eine Gruppendiskussion von außen untersuchen. Die Beobachter können aber auch Teil dieser Gruppendiskussion sein und bestimmte Argumente einbringen, um so zu testen, wie sich die Bewerber in der Interaktion verhalten.

Beide Beobachterrollen können reaktive Effekte bei den beobachteten Personen auslösen. Wenn ein Beobachter aktiv an einer Situation teilnimmt, reagieren die Personen auf ihn, er hat Einfluss auf ihr Verhalten. Sitzt ein Beobachter teilnahmslos in der Nähe, fühlen sich die untersuchten Personen womöglich unwohl, weil sie bewusster wahrnehmen, dass sie beobachtet und untersucht werden. Aufgrund dessen hat sich eine weitere Variante für die Gewinnung visueller Daten entwickelt: Die nonreaktiven Verfahren verzichten auf jeglichen Kontakt zwischen beobachteten Personen und Beobachtern. Stattdessen werden Filmaufzeichnungen, Fotos oder auch Zeichnungen genutzt. Sobald der Forscher jedoch Kontakt zu den Beforschten hat, handelt es sich um eine teilnehmende oder nicht teilnehmende Beobachtung, die niemals nonreaktiv sein kann. Wie man visuelle Daten gewinnen kann, zeigt Abb. 2.4 in Form eines Ausschlussdiagramms.

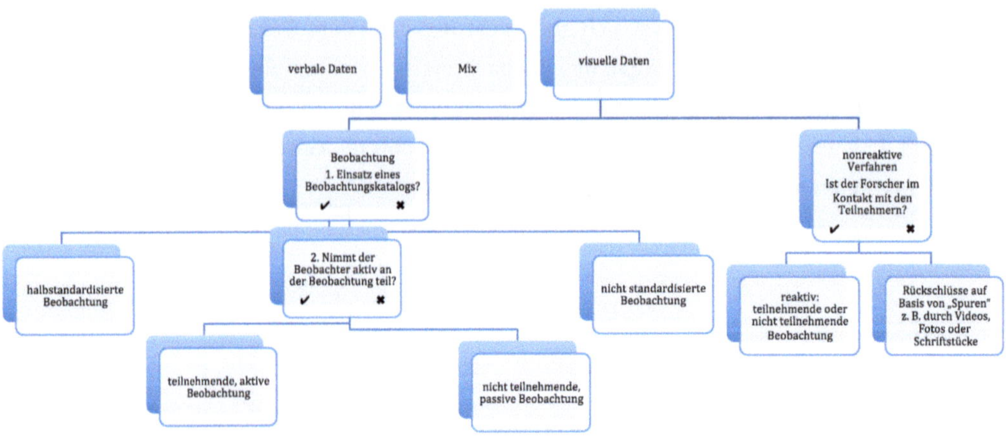

Abb. 2.4: Ausschlussdiagramm für visuelle Datengewinnung

In Abb. 2.3 und Abb. 2.4 taucht ebenfalls der Begriff Mix auf. Hiermit soll verdeutlicht werden, dass beide Datenquellen – visuelle sowie verbale – im Rahmen einer qualitativen Forschungssituation gemeinsam Berücksichtigung finden. Man kann die Erhebung von Sprache nicht ohne eine gleichzeitige visuelle Beobachtung der beforschten Person bewerkstelligen und eine Beobachtung nicht ohne die Berücksichtigung von Sprache durchführen. Auch in einem qualitativen Experiment werden immer gleichzeitig verbale und visuelle Daten gewonnen.

Wie Sie merken, beschreibt der Begriff Mix aus Abb. 2.4 in diesem Kontext nicht die Kombination von qualitativen und quantitativen Ansätzen, sondern steht allgemein für eine Kombination von Datenquellen. Bitte rufen Sie sich in Erinnerung, dass wir uns derzeit ausschließlich mit qualitativen Methoden beschäftigen. Wie wir aber bereits festgestellt haben, beinhalten qualitative Methoden auch Elemente von quantitativen Ansätzen, beispielsweise den Einsatz eines Interview- oder Beobachtungsleitfadens. Diese Kombination können wir ebenfalls als Mix, sogar als Mixed-Methods, bezeichnen. Da wir uns in den folgenden Kapiteln zur Planung, Durchführung und Auswertung von Methoden überwiegend auf eine qualitative Grundhaltung fokussieren wollen, werden wir im Folgenden auch die qualitativen halbstandardisierten Verfahren einordnen.

MERKSATZ

Die Entscheidung für qualitative Methoden setzt immer ein qualitatives Erkenntnisziel voraus. Wenn Sie beispielsweise mehr über soziale Interaktionen an der Supermarktkasse herausfinden wollen, haben Sie ein qualitatives Erkenntnisziel im Blick. Die Wahl einer konkreten qualitativen Erhebungsmethode hängt von den gewünschten Daten – verbale und/oder visuelle – ab. Beispielsweise können soziale Interaktionen am besten durch eine Beobachtung untersucht werden. Verbale und visuelle Daten erfordern eigenständige Verfahren, aus denen Sie wiederum eine Vielzahl auswählen können.

Bevor Sie sich der Übung 2.5 widmen, möchte ich Sie noch darauf aufmerksam machen, dass die Ausschlussdiagramme (vgl. Abb. 2.3 und 2.4) noch weitere Ebenen besitzen. Wie bereits erwähnt, kann man alle Verfahren auch nach ihrem Zugang, z. B. Face-to-

Face, telefonisch oder online, einschätzen. Weiterhin kann auch nach der Anzahl der Interviewer differenziert werden. So können Sie beispielweise ein Interview allein, zu zweit (Tandem) und mit mehreren Interviewern (Hearing) durchführen.

Auch die Rolle des Interviewers kann – analog zur Beobachterrolle – klassifiziert werden. Hier differenziert man oftmals den Gesprächsstil des Interviewers: Er kann mit einem harten, weichen oder neutralen Stil das Interview leiten.

ÜBUNG 2.5:

Stellen Sie sich vor, Sie möchten mehr über aggressives Verhalten von Kindern in Kindertagestätten erfahren. Sie verfügen aber noch nicht über ausreichendes theoretisches Wissen, um quantitative Methoden nutzen zu können und entscheiden sich daher für einen qualitativen Forschungsansatz. Welche Methoden aus den Ausschlussdiagrammen (vgl. Abb. 2.3 und Abb. 2.4) würden Sie wählen?

TIPP:

Denken Sie bei dieser Übung zunächst vollkommen losgelöst von den Diagrammen nach und legen Sie Ihr Vorgehen fest nach den Fragen: Wie möchte ich aggressives Verhalten erheben? Wie kann ich die Forschung auf Kinder ausrichten? Was muss ich bedenken, wenn ich in der Kindertagesstätte meine Untersuchung durchführe? Wenn Sie Antworten auf diese Fragen gefunden haben, dann können Sie eine Methode anhand des Ausschlussdiagramms festlegen. Es können durchaus mehrere Methoden gewählt werden.

Planung einer Befragung

Mündliche Befragungen können auf ganz unterschiedliche Weise durchgeführt werden. Dies hat einen direkten Einfluss auf die Planung des Interviews und unterscheidet sich gemäß der gewählten qualitativen Interviewmethode nach (vgl. Döring/Bortz, 2016, S. 358 ff.):

- dem Grad der Standardisierung (standardisiert, halbstandardisiert, unstandardisiert)
- dem Gesprächsstil des Interviewers (weich, neutral, hart)
- dem Zugang des Interviewkontakts (telefonisch, schriftlich oder Face-to-Face)
- der Anzahl der befragten Personen (Einzelinterview oder Gruppeninterview)
- der Anzahl der Interviewer (ein einzelner Interviewer, ein Tandem oder Hearing)

Ein vollkommen standardisierter Fragenkatalog erfordert eine andere Planung als ein unstandardisiertes, sehr offenes Interview, das ohne Leitfaden auskommt. Während der Interviewer im ersten Fall vorab eine gute Theoriearbeit und Sichtung möglicher relevanter Fragen und Antworten sowie eine gute Formulierung und Platzierung dieser Fragen für das Gespräch leisten muss, sollte sich der Interviewer im zweiten Fall besonders auf Situationen einstellen, die spontane Nachfragen, ein gutes Einfühlungsvermögen und Anregungen für weitere Erzählungen des Interviewten erfordern.

ÜBUNG 2.6:

In Abb. 2.5 ist ein historischer „Interviewleitfaden" der Eichstätter Hexenverhöre dargestellt. Entziffern Sie die altdeutsche Schrift und bewerten Sie, welche Punkte in diesem „Interviewleitfaden" kritisch einzuschätzen sind. Beantworten Sie zusätzlich die Fragen: Warum handelt es sich bei dem Interview um ein halbstandardisiertes Interview? Welcher Gesprächsstil des Interviewers liegt vor? Wie viele Interviewer vermuten Sie?

Interrogatoria

Darüber der Hexerey verdachte Persohnen zuvor, und ehe die inditia crimine, ihnen eröffnet werden, zu besprachen.

1. Wie sie heiße?
2. Von wannen sie gebürtig?
3. Wer ihre Eltern und wie sie geheißen? weß Standes sie seien, was ihr Handtierung, ob sie wohl oder übel miteinander gehauset, ob sie noch leben oder tot seien? wann sie gestorben und an welcher Krankheit?
4. Wo, von wem und wie sie in ihrer Jugend erzogen worden?
5. Welcher Gestalt und wozu sie von Jugend auf unterwiesen, was sie gelerndt?
6. Was nun ihre Nahrung und Handtierung sei? An welchem Ort sie sich häuslich aufhalte, wie alt sie sei?
7. Ob sie ledigen Standess und warum sie nicht verheiratet sei?
8. Ob sie verheiratet, und wie lange sie im Ehestand lebe?
9. Ob sie sich eigenen Willens oder mit Vorwissen ihrer Eltern und Freunde verheiratet?
10. Durch welche Gelegenheit sie mit ihrem Ehegenossen in Kundschaft gekommen und sich mit ihm verlobt? Auch wer er sei?
11. Ob sie nicht nächtlicherweile je zusammengekommen und sich miteinander allein unterredet?
12. Ob sie nicht vorher ledigen Standes unordentliche Liebe zu ihm gehabt, sich fleischlich mit ihm vermischt oder doch solches zu tun Willen gehabt?
13. Wann, wo und wie oft solches geschehen, auch wer sie gegeneinander verkuppelt?
14. Ob sie an ihrem Hochzeitstag, vorher oder nachher nicht abergläubische Sachen gebraucht oder durch andere brauchen lassen?
15. Was sie einander zugebracht und wie sie sich bisher ernährt?
16. Wie sie im währenden Ehestand miteinander gehaust und da sie übel gehaust, was dessen Ursach sei?
17. Ob sie im währenden Ehestand nicht zu anderen unordentliche Liebe genommen? Durch was occassion und Gelegenheit solches geschehen? Ob sie darauf zu Erfüllung ihres bösen Willens Gelegenheit gesucht? durch wen, wo sie zusammengekommen und was sie jederweil inzwischen verlaufen?
18. Ob sie währender Ehe Kinder erzeugt, wie viel, wie sie heißen, wie alt sie seien, ob sie leben oder tot sind?

etc.

25. Wie lange es sei, daß sie in das Laster der Hexerei geraten?
26. Ob solches hier oder an anderen Orten und wo geschehen?
27. Durch was occassion und Gelegenheit sie in das Laster gekommen?
28. Wann sie das erstemal mit dem bösen Feind in Gemeinschaft gekommen?
29. In welcher Gestalt er sich gezeigt, was er mit ihr geredet? Wie ihr die Rede und Gestalt vorgekommen und woran sie ihn erkannt?
30. Was er von ihr begehrt? ob und wie oft sie sich fleischlich mit ihm vermischt?
31. Ob sie eine Wollust darob verspürt und wie ihr solches vorgekommen, wo solches geschehen?
32. Was er ferners an sie begehrt und worin sie eingewilligt?
33. Was sie ihm versprochen, ob und wie sie sich gegen ihn verschrieben? Ob solches damals oder andermalen und auf welche Weise es geschehen?
34. Ob sie nicht Gott und alle Heiligen verleugnet? Menschen, Vieh und Früchten zu schaden versprochen, mit was Worten und in welcher Form solches geschehen?
35. Ob sie vom bösen Geist getauft worden, was sich dabei verloffen (ereignet), was für eine Materie gebraucht worden? Wie er sie, und sie ihn genannt und wer dabei gewesen und was solche Persohnen hierzu getan?
36. Ob der böse Feind in der Folgezeit weiter zu ihr gekommen, was er jedesmal bei ihr getan, ob er sich nachmals mit ihr fleischlich vermischt, auf welche Weise und in welcherlei Gestalt es geschehen?

etc.

Abb. 2.5: Historischer „Interviewleitfaden" der Hexenverhöre (Auszüge aus dem Fragenschema bei Eichstätter Hexenverhören unter der Regierung des Fürstbischofs Johann Christoph von Westerstetten 1612–1636 (Merzbacher, 1980, S. 213 ff. zitiert nach Bortz/Döring, 2006, S. 240)

TIPP:

Wenn Sie zusätzliche Literatur verwenden möchten, können die Empfehlungen für die sprachliche Gestaltung von standardisierten Fragebögen im Buch *Fragebogen- und Leitfadenkonstruktion* (Lüdders, 2016) hilfreich sein. Dort finden Sie sehr viele Kriterien für eine gute Frageformulierung. Überprüfen Sie, ob diese Kriterien in diesem Interviewleitfaden erfüllt sind.

Zwar unterscheiden sich die einzelnen qualitativen Interviewmethoden voneinander, jedoch kann eine allgemeine Übereinstimmung in den organisatorischen und fachlichen Planungsschritten festgestellt werden (vgl. Tab. 2.2).

Tabelle 2.2: Planungsschritte eines qualitativen Interviews

Planungsschritte zur Durchführung eines qualitativen Interviews
Schritt 1: Phase der Vorbereitung
▪ Der Themenbereich muss – mehr oder minder konkret – definiert werden. ▪ Der Interviewer muss sich vorab auf die zu befragenden Personen einstellen und antizipieren, welches Vorwissen, welche Einstellungen, Vorurteile und Erwartungen vorliegen könnten. ▪ Der Interviewer muss sich auf ungewöhnliche Situationen vorbereiten und beispielweise überlegen, wie er einen Erzählfluss begünstigen und authentisches Verhalten bei sich und den Interviewten fördern kann. ▪ Auch das eigene Verhalten, die Einstellungen, Vorurteile und Erwartungen des Interviewers sollten von ihm reflektiert werden.
Schritt 2: Phase der Kontaktaufnahme und Durchführung des Interviews
▪ Es muss überlegt werden, welche Personen für ein Interview infrage kommen und wie sie zu erreichen sind. ▪ Der Interviewer muss sich entscheiden, wie er den Erstkontakt zu potentiellen Interviewten herstellen möchte – schriftlich oder telefonisch – und wie die Motivation zur Teilnahme erhöht werden kann. ▪ Der Interviewer sollte die Interviewsituation möglichst gut kontrollieren und standardisieren, z. B. durch eine Face-to-Face-Sitzplatzierung und Kontrolle möglicher Ablenkungen. Das Interview sollte gut vorbereitet werden, damit die Antworten dokumentiert werden können. ▪ Stimulierende Eingangsfragen erleichtern den Einstieg in das Interview. Der Interviewer sollte vorab diese Fragen vorbereiten und sich Strategien zur Förderung eines Vertrauensverhältnisses und zur Motivation des Interviewten überlegen.

Planungsschritte zur Durchführung eines qualitativen Interviews
Schritt 3: Ende des Kontakts

- Der Interviewer sollte Maßnahmen für eine entspannte Atmosphäre nach Ende des Interviews vorbereiten.
- Auch nach Abschluss des Kontakts sollte der Interviewer sein eigenes Verhalten, seine Einstellungen, Vorurteile und Erwartungen reflektieren, die sich auf die Interviewsituation ausgewirkt haben könnten.
- Der Interviewer muss abschließend Vorbereitungen zur Sicherung des Datenschutzes treffen.

HINWEIS

Die Übungen 2.7 bis 2.11 bauen aufeinander auf, da sie praktische Erfahrungen fördern. Sie werden, Übung für Übung, die Schritte eines Interviews durchlaufen. Eine chronologische Bearbeitung der Übungen wird daher ausdrücklich empfohlen.

ÜBUNG 2.7:

Überlegen Sie sich ein Thema, welches Sie gerne durch ein Interview genauer beleuchten möchten. Idealerweise handelt es sich um ein Thema, das Ihnen vertraut ist. Sammeln Sie Fragen oder Aspekte, die Sie erkunden möchten. Reflektieren Sie anschließend Ihre persönlichen Einstellungen, Erwartungen oder auch Vorurteile, die Sie mit diesem Thema verbinden.

TIPP:

Arbeiten Sie sich bei dieser Übung von der Definition eines groben Themenbereichs vor, bis Sie fünf bis zehn konkrete Fragen formulieren können. Wenn Sie ein interessantes und spannendes Thema auswählen, wird es Ihnen leichter fallen. Haben Sie besonders gute Kenntnisse in einem bestimmten Themengebiet – z. B. Gesundheitsförderung bei Burnout – wählen Sie dieses Thema aus. Um die Reflexion über Einstellungen, Vorurteile oder Erwartungen zu unterstützen, empfehle ich Ihnen, sich folgende Fragen zu stellen: Gibt es so etwas wie ein allgemeines Bild der Gesellschaft, z. B. der Medien und der Politik, zu Ihrem Thema? Was hat man Ihnen im Rahmen Ihrer Sozialisation – beispielsweise in Ihrer Kindheit – über dieses Thema beigebracht? Stimmen Sie diesem Bild oder diesen Bildern zu? Was möchten Sie mit der Erkundung Ihres Themas erreichen? Was soll sich idealerweise zeigen? Wovor haben Sie Angst? Die letzten beiden Fragen können sich sowohl auf das Thema als auch auf die zukünftige Interviewsituation beziehen.

Qualitative Interviewtechniken

Nachdem wir die allgemeinen Planungsschritte betrachtet haben, die zur Durchführung eines Interviews notwendig sind, wenden wir uns nun den einzelnen qualitativen Interviewtechniken zu. Es steht eine Vielzahl an Techniken zur Verfügung, die sich – je nach Forschungsthema – optimal einsetzen lassen. Beabsichtigen Sie, in dem Interview Informationen über konkrete Erfahrungen, Erlebnisse und Situationen der Befragten zu erhalten, werden Sie eine Technik bevorzugen, die den Interviewten sehr viel Raum für freie Erzählungen (Narrationen) lässt (vgl. Döring/Bortz, 2016, S. 401 ff.). Möchten Sie dagegen das Interview auf ein bestimmtes Untersuchungsobjekt ausrichten, z. B. auf ein bestimmtes Buch oder ein Bild, oder möchten Sie sozial relevante Fragestellungen bearbeiten, zu denen Sie bereits einen umfassenden standardisierten Leitfaden entwickelt haben, dann sind freie Erzählungen eher hinderlich. Würden Sie etwa die Frage, wie man den Einstieg in den Beruf gemeistert hat, stellen und keine fokussierten Fragen auf Basis eines Leitfadens abarbeiten, könnten einige Befragte Ihnen sehr viel freier erzählen. Immer dann, wenn Sie sich eine vergleichbare Struktur wünschen, sollten Sie standardisierter vorgehen. Vielleicht möchten Sie aber auch einfach nur einen Experten um ein Interview zu einem fachlichen Thema bitten und hierfür einen Leitfaden einsetzen. Auch dann haben Sie sich für ein standardisiertes Vorgehen entschieden.

LESEHINWEIS

Im Buch von Döring und Bortz (2016) *Forschungsmethoden und Evaluation* finden Sie auf der Seite 361 die Tabelle 10.4 *Verbreitete Varianten der Forschungsinterviews und ihre Klassifikation.* Diese Tabelle gibt Ihnen einen sehr ausführlichen Überblick über Ziele und Methodik der für ein Einzelinterview zur Verfügung stehenden qualitativen Interviewtechniken. Sie können diese Übersicht immer als Entscheidungsgrundlage zu Rate ziehen.

Die qualitativen Methoden stellen vielfältige Techniken bereit, die selbstständig ausgewählt werden müssen. Wir werden uns deshalb im Folgenden auf jene Interviewtechniken beschränken, die in der qualitativen Forschung sehr häufig Anwendung finden:

- **Das narrative Interview:** Exemplarisch für ein in der Gesprächsführung sehr offenes und weiches Interview kann das narrative Interview nach Schütze (1976) genannt werden. Diese Interviewtechnik findet sehr häufig in der Lebenslaufforschung Anwendung, da interviewte Personen gezielt Geschichten oder Situationen aus ihrem Leben schildern. Zu berücksichtigen ist hierbei jedoch, dass eine gewisse narrative Kompetenz bei den Interviewten vorausgesetzt wird, d. h. die Personen müssen über einen längeren Zeitraum erzählen können. Der Interviewer beginnt meist mit einer narrativen Eingangsfrage, die einen ersten Erzählfluss auslösen soll (vgl. Praxisbeispiel 2.5).

PRAXISBEISPIEL 2.5:

Eine narrative Eingangsfrage könnte lauten: „Sie studieren Medizin. Erinnern Sie sich zurück und erzählen Sie, wie es zu dieser Studienentscheidung kam. Erzählen Sie alles, was Ihnen für Ihre Entscheidung wichtig erscheint." Im Anschluss stellt der Forscher Nachfragen und regt zu weiteren Narrationen an. Ein fester Interviewleitfaden liegt ihm nicht vor, sodass er jederzeit sehr sensibel und aufmerksam die nachfolgenden Fragen entwickeln muss: „Sie haben in Ihrer Erzählung noch nicht erwähnt, welche Rolle Ihre Familie oder Ihre Freunde bei dieser Entscheidung übernommen haben. Wie denken diese über Ihre Entscheidung, Mediziner zu werden?"

- **Das Leitfadeninterview:** Während das narrative Interview auf einen strukturierten Leitfaden verzichtet, kommt das sogenannte Leitfadeninterview nicht ohne einen solchen aus. Es verwendet einen Leitfaden mit konkreten Fragen für die Interviewsituation. Dennoch handelt es sich um ein halbstandardisiertes Interview, weil der Interviewer diese Fragen variabel einsetzt und auch durchaus an die aktuelle Interviewsituation anpasst. Oftmals beginnen Leitfadeninterviews mit offeneren, stimulierenden Eingangsfragen, die dann immer mehr das Thema anhand des Leitfadens differenzieren. Leider besteht in den qualitativen Methoden keine Eindeutigkeit im Hinblick auf den Begriff Leitfadeninterview. So sind u. a. das problemzentrierte Interview sowie das fokussierte Interview oder das Experteninterview ebenfalls Beispiele für Leitfadeninterviews.

Das bedeutet, dass bereits allein der Einsatz eines Leitfadens ein Interview als Leitfadeninterview klassifiziert. Um aber dennoch mehr Differenzierungen vornehmen zu können, betrachten wir das problemzentrierte Interview und das fokussierte Interview in den nächsten Abschnitten detaillierter.

- **Das problemzentrierte Interview:** Diese Interviewtechnik geht auf Witzel (1982) zurück und wurde insbesondere für soziologische Fragestellungen entwickelt. Witzel interessiert sich für die Wirkung sozialer Strukturen auf die Person und den Umgang mit Problemen im Lebenslauf. Die Problemzentrierung stellt dabei eine Orientierung an einem Gegenstand dar, der sozialstrukturell vorliegt, z. B. dem Umgang mit der Vereinbarkeit von Familie und Beruf. Eine Kombination von narrativen Eingangsfragen und weiterführenden Sondierungsfragen soll dazu beitragen, das Problem und dessen Bewältigung erfassen und beschreiben zu können. Ein problemzentriertes Interview wird in Praxisbeispiel 2.6 beschrieben.

PRAXISBEISPIEL 2.6:

Der Interviewer steigt mit einer narrativen Eingangsfrage ein: „Wie erlebten Sie die letzten Wochen bei Ihrer Arbeit, vor Beginn der Elternzeit?“ Im weiteren Verlauf werden dann Fragen gestellt, die das Problem mithilfe eines Leitfadens noch genauer erfassen sollen. Diese Fragen können bereits im Leitfaden formuliert werden oder sich auch im Laufe des Interviews als Nachfrage ergeben. Beispielsweise: „Sie sagten gerade, dass Sie sich überfordert fühlten. Beschreiben Sie bitte genauer Ihre Gefühle, die aufkamen, als Sie das erste Mal Zweifel bezüglich Ihrer Elternzeit hegten?“ In einem problemzentrierten Interview wird jedoch im Verlauf des Interviews immer wieder auf bereits formulierte Fragen im Leitfaden zurückgegriffen, sodass es sich bei dieser Interviewtechnik um ein halbstandardisiertes Vorgehen handelt.

Wie bereits in den Praxisbeispielen 2.5 und 2.6 deutlich wird, nutzt das problemzentrierte Interview auch Techniken der psychologischen Gesprächsführung. So werden Techniken des aktiven Zuhörens wie das Zurückspiegeln bzw. das wörtliche Wiedergeben der gesagten Inhalte nach Carl Rogers (1985) angewandt. Zum Abschluss eines Interviews dieser Technik kann ein Kurzfragebogen zum Einsatz kommen, der gezielt nochmals Aspekte des Interviews abfragt. Diesen Kurzfragebogen kann man auch zu Beginn des Interviews einsetzen, um den Interviewten bereits mit dem Inhalt vertraut zu machen und ihn dadurch auf das Gespräch vorzubereiten (vgl. Lamnek, 2010a, S. 334).

- **Das fokussierte Interview:** Diese Interviewtechnik geht auf Merton und Kendall (1979) zurück und setzt als Stimulus einen konkreten Gegenstand zu Beginn des Interviews ein, beispielsweise ein Foto oder einen Filmausschnitt (vgl. Praxisbeispiel 2.7). Auf diese Weise wird ein bewusster Gesprächsanreiz geboten. Ähnlich wie beim problemzentrierten Interview möchte der Interviewer die Gesprächsführung offen lassen und nur durch gezielte Nachfragen anhand des Interviewleitfadens, der sich ebenfalls auf das fokussierte Objekt bezieht, weiterführende Informationen sammeln. Fokussierte Interviews können als Einzelinterview, aber auch als Gruppeninterview eingesetzt werden.

PRAXISBEISPIEL 2.7:

Sie zeigen einer kleinen Gruppe von jungen, kriminell bereits auffällig gewordenen Erwachsenen einen gewalthaltigen Film. Im Anschluss führen Sie mit jedem Einzelnen ein Interview. Eine Einstiegsfrage könnte lauten: „Was ist Ihnen bei dem Film besonders aufgefallen?" Anhand eines Leitfadens werden Sie dann gezielter nachfragen, weil Sie eine besondere Situation aus dem Film ansprechen möchten: „In der letzten Szene wurde eine Frau zusammengeschlagen. Wie haben Sie das wahrgenommen?"

ÜBUNG 2.8:

Sie haben in Übung 2.7 einen Themenbereich festgelegt und mögliche Fragen formuliert. Welche Interviewart eignet sich Ihrer Meinung nach am besten für Ihr Thema? Wählen Sie das narrative Interview, ein allgemeines Leitfadeninterview oder die speziellen Techniken des problemzentrierten oder fokussierten Interviews aus. Überlegen Sie sich dann eine gute Einstiegsfrage und legen Sie fünf weiterführende Fragen für Ihren Leitfaden fest.

TIPP:

Bei der Auswahl der Interviewtechnik ist es empfehlenswert, wenn Sie nochmals genauer Ihr Themengebiet betrachten: Ist es sinnvoll, narrativ vorzugehen? Haben Interviewpartner eine ausreichende narrative Kompetenz? Möchten Sie sich auf einen Leitfaden verlassen oder stellt er für Sie einen zu großen Nachteil dar? Haben Sie ein gesellschaftlich relevantes Thema gewählt, sodass ein problemzentriertes Interview sinnvoll sein könnte? Gibt es einen bestimmten Reiz, beispielsweise ein Bild oder einen Film, den Sie für ein fokussiertes Interview als Gesprächsgrundlage nutzen möchten?

Exkurs Qualitative Gruppenbefragungen

Sie haben in der letzten Übung Ihren Fokus auf eine Einzelinterviewtechnik gelegt. Das Praxisbeispiel 2.7 zum fokussierten Interview macht aber deutlich, dass diese Technik für beide Interviewvarianten – Einzel- und Gruppeninterview – eingesetzt werden kann. Es könnte, anstatt Einzelinterviews, auch die gesamte Gruppe der Jugendlichen im Anschluss an den Film befragt werden.

Sobald Sie mehr als zwei Personen mithilfe eines Leitfadens mündlich befragen, handelt es sich um ein Gruppeninterview. Hinter dem Begriff Gruppeninterview verbirgt sich – ähnlich dem Leitfadeninterview – eine Vielzahl an Befragungsmöglichkeiten. Eine besondere Form des Gruppeninterviews stellt beispielsweise die bereits thematisierte Gruppendiskussion dar. Durch Gruppendiskussionen soll neben dem Gespräch mit mehreren Teilnehmern und der Erfassung ihrer Meinungen insbesondere die Interaktion innerhalb der Gruppe Grundlage für die Auswertung sein. Das Thema für die Gruppendiskussion benennt meist der Interviewer. Daher hat sich der Standardbegriff der Fokusgruppe anstelle des Begriffs Gruppendiskussion ebenfalls etabliert. Der Interviewer übernimmt oft eine moderierende Rolle und leitet das Gespräch anhand eines strukturierten Leitfadens zielgerichtet auf einen Fokus hin (vgl. Lamnek, 2010a, S. 372). Als Begründer der Gruppendiskussion sind abermals Merton und Kendall (1956) zu nennen, die bereits das fokussierte Interview in der Literatur geprägt haben. Der wesentliche Kern der Gruppendiskussion stellt die Präsentation eines Grundreizes dar. Das kann z. B. eine allgemein gehaltene Frage oder auch eine provokante Aussage sein, die das Gespräch zwischen den Teilnehmern eröffnet (vgl. Lamnek, 2010a, S. 377 f.). Während der Diskussion stellt der Interviewer auf Grundlage seines Interviewleitfadens weiterführende Fragen oder reagiert auf besonders interessante Aussagen der Teilnehmer. Zur Förderung der Gesprächsbereitschaft aller Diskussionsteilnehmer untereinander sollte auf die Größe und die Zusammensetzung der Gruppe geachtet werden. Wird eine viel zu kleine Gruppe von Personen gewählt, kann dies dazu führen, dass die Wahrscheinlichkeit für das Zutagetreten unterschiedlicher Meinungen sehr gering und die Gruppendiskussion nicht ergiebig ist. Eine zu große Gruppe kann jedoch dazu führen, dass sich einzelne Personen zurückziehen und sich nicht an der Diskussion beteiligen. Empfohlen wird deshalb eine Größe zwischen fünf und zwölf Teilnehmern (vgl. Lamnek, 2010a, S. 396). Trotz allem können Personen, die gerne viel reden oder die sich lieber schweigend zurückhalten, den Verlauf der Diskussion stark beeinflussen. Daher kommt der Moderationskompetenz des Interviewers eine entscheidende Rolle zu. Er muss Vielredner dezent kontrollieren und Schweiger zu einer Beteiligung an einem Gespräch auffordern (vgl. Praxisbeispiel 2.8).

PRAXISBEISPIEL 2.8:

Um schweigende und zurückhaltende Personen zu aktivieren, kann der Interviewer häufiger Blickkontakt suchen. Dadurch macht er indirekt deutlich, dass er die Person weiterhin wahrnimmt und sehr gerne auch ihre Meinung zum Thema hören möchte. Die betreffende Person könnte zusätzlich direkt gefragt werden, was sie persönlich von den bisherigen Aussagen hält. Um die schweigende Person nicht zu sehr unter Druck zu setzen, sollte der Interviewer einfühlsam vorgehen.

Wie bei Einzelbefragungen muss der Interviewer auch in Gruppenbefragungen in der Lage sein, einen stockenden Gesprächsverlauf wieder anheizen und durch erzählungsgenerierende Fragen eine fließende Kommunikation erzeugen zu können. Bisherige Aussagen können wiederholt, infrage gestellt oder provokant formuliert werden. Die Visualisierung der Ergebnisse auf einer Metaplanwand kann die Teilnehmer zusätzlich zur Überprüfung ihrer Aussagen oder zur Konsensbildung anregen (vgl. Döring/Bortz 2016, S. 381). Einen Konsens für angesprochene Themen in der Gruppe zu finden, stellt eine wichtiges Gütekriterium von qualitativen Befragungen dar. In einer Gruppendiskussion muss der Forscher sich absichern, dass alle Beteiligten die Themeninputs gleich gut verstanden haben. Das bedeutet natürlich nicht, dass sie auch alle die gleiche Meinung vertreten müssen. Es muss jedoch klar sein, dass alle Teilnehmer die Fragestellungen verstanden haben. Zudem muss der Interviewer sich absichern, dass er das Gesagte so verstanden hat, wie es die Befragten gemeint haben.

LESEHINWEIS

Im Buch *Forschungsmethoden und Evaluation* von Döring und Bortz (2016) finden Sie im Abschnitt *Fokusgruppen-Diskussion* (S. 380 f.) eine Übersicht über Gruppenbefragungen. Es wird thematisiert, wie Sie Gruppenbefragungen gestalten können und welche Techniken hierbei zum Einsatz kommen.

Im Buch *Gruppendiskussionen. Ein Praxis-Handbuch* von Kühn und Koschel (2011) erhalten Sie neben vielen praktischen Einblicken in die Handhabung der Methode u. a. auch einen Einblick in Techniken und den Umgang mit diversen Gruppendynamiken.

Stichprobenziehung

Die Ergebnisse aus den dargestellten Interviewtechniken wären wertlos, wenn der qualitative Methodiker im Vorhinein keine Überlegungen zur Auswahl von teilnehmenden Personen angestellt hätte. Im Rahmen der quantitativen Forschung gibt es sehr klare Regeln zur Sicherung einer repräsentativen Stichprobe. Hinter diesen Regeln steht die Wahrscheinlichkeitstheorie, die von einer Verallgemeinerbarkeit der gewonnenen Daten ausgeht. Qualitative Methoden lassen sich nicht in diesem Sinne verallgemeinern. In der qualitativen Forschung ist es genau das Kriterium der Einzigartigkeit, das in den Vordergrund rückt. Sollen Daten verallgemeinert werden, können sie sich nur auf die entsprechenden Charakteristika der Situation und der Person beziehen, beispielweise an welchem Ort, zu welcher Zeit und welche Person konkret erforscht wurde. Möchte man darüber hinaus die Daten verallgemeinern, müssen die Charakteristika argumentativ begründet werden (vgl. Mayring, 2002, S. 36 f.). Der Forschende muss begründen können, warum die Ergebnisse auch auf andere Personen, Zeitpunkte und Situationen übertragbar sind. Das bedeutet, dass qualitative Methoden am Ende eines Forschungsprozesses auch zu allgemeineren Aussagen gelangen können, doch sie nutzen eine andere Variante der Verallgemeinerung als Methoden der quantitativen Forschung. Repräsentativität im Sinne einer Zufallsstichprobe kann es in der qualitativen Forschung nicht geben. Personen werden nicht zufällig gezogen, sondern theoriebasiert ausgewählt, denn qualitativen Methodikern geht es vielmehr um die Erstellung von Typen, d. h. typischen Personen, die auf Grundlage des Forschungsinteresses ausgewählt werden. Fachliches Vorwissen des Forschenden ist deshalb eine zwingende Voraussetzung. Der Fachbegriff für diese Stichprobenziehung lautet *theoretical sampling*. Anhand eines Beispiels sollen die Unterschiede in der Auswahl von Befragten nochmals skizziert werden:

Wenn Sie über das Thema Gewalterfahrungen im Jugendalter forschen wollen, dann würden Sie gezielt, z.B. in speziellen Beratungsstellen, nach betroffenen Personen suchen und versuchen, mit ihnen in Kontakt zu treten. Der qualitative Methodiker benötigt hierfür bereits ein theoretisches Vorwissen, um sicherzustellen, dass die Personen für seine Studie geeignet sind. Die Personen müssen Merkmale besitzen, die im Rahmen der Forschungsfrage relevant sind. Ein qualitativer Methodiker muss somit vorab wissen, wo diese Personen zu finden sind und wie er den Kontakt aufbauen kann. Ein quantitativer Methodiker würde dagegen zusätzlich andere Wege gehen: Er würde sich zwar auch überlegen, wo er diese Jugendlichen finden kann, jedoch gleichzeitig hochrechnen, wie viele Personen von Gewalterfahrungen im Jugendalter betroffen sein könnten, um eine Population zu definieren. Er würde überlegen, ob es bestimmte Merkmale gibt, die berücksichtigt werden sollten, ob er sich beispielsweise für eine geschichtete Stichprobe entscheiden sollte, weil das Bildungsniveau eine Rolle spielen könnte. Er würde vorab eine Anzahl der benötigten zu befragenden Personen ermitteln, um zuverlässige Aussagen mit den verwendeten Teststatistiken treffen zu können und vermutlich auch noch eine Kontrollgruppe, d.h. Jugendliche, die keine Gewalterfahrungen gemacht haben, zum Vergleich einsetzen. Ein qualitativer Methodiker kann zwar ebenfalls andere Personen einbeziehen, die seiner Theorie widersprechen, dies ergibt sich aber meist zufällig im Verlauf der Forschung (vgl. Lamnek, 2010a, S. 350 f.).

MERKSATZ

Während in der quantitativen Forschung die Anzahl von befragten Personen exakt definiert und die Repräsentativität durch Einsatz probabilistischer Methoden gesichert wird, wird die Repräsentativität in der qualitativen Methodik durch die Auswahl der Personen anhand des theoretischen Vorverständnisses gewährleistet. Der qualitative Methodiker wägt auf Basis bisheriger Ideen aus der Wissenschaft und dem Alltag ab, welche Personengruppen relevant sein könnten.

Die Kombination beider Methodenarten kann auch bei der Stichprobenziehung von Vorteil sein: Wenn Personen im Anschluss an eine quantitative Befragung für eine qualitative Befragung ausgewählt werden, dann wird der qualitativ ausgerichtete Methodiker die Repräsentativität besonders hoch einschätzen (vgl. Kapitel 3).

ÜBUNG 2.9:

Sie haben in der Übung 2.8 eine Interviewtechnik festgelegt und Fragen formuliert. Überlegen Sie nun, wie Sie eine Person für Ihr Interview gewinnen können. Welche Person würden Sie auswählen und warum?

TIPP:

Bei der Bearbeitung dieser Übung kann eine kleine Liste helfen, die Sie mit Stichpunkten von Eigenschaften versehen, die diese Person besitzen sollte. Notieren Sie sich, wo Sie eine solche Person finden könnten. Reflektieren Sie auch Probleme, die dabei entstehen können. Vielleicht haben Sie bewusst Freunde oder Familienangehörige ausgewählt? Könnte dies ein Vorteil oder eher ein Nachteil sein?

2.2.1 Durchführung eines Interviews

In den vergangenen Abschnitten haben Sie bereits Fragen gesammelt und diese auf eine Interviewtechnik mit oder ohne Einsatz eines konkreten Leitfadens zugeschnitten. Diese Fragen werden bei der Durchführung des Interviews immer offen gestellt, d. h. die Situation des jeweiligen Interviews wird berücksichtigt. Ein Festhalten an der Reihenfolge von Fragen oder ein starres Vorlesen dieser widerspricht der Haltung qualitativer Forschung. Es gilt, offen zu sein für Neues und sich nicht durch die vorher festgelegten Fragen bereits in der Wahrnehmung des Interviews einzuschränken. Die Tabelle 2.3 zeigt empfohlene Handlungsstrategien für Interviewer.

Tabelle 2.3: Empfehlungen für qualitative Interviews

Handlungsstrategien in qualitativen Interviews
↗ Gestalten Sie die Interviewsituation angenehm für den Interviewten, sodass er sich wohlfühlt und an ein alltägliches Gespräch erinnert wird. Durch einen weichen bis neutralen Interviewstil wird eine positive Atmosphäre unterstützt. Die eingesetzte Interviewtechnik sollte nicht beeinflussend sein (vgl. Rogers, 1985).
↗ Protokollieren Sie das Interview. Wenn Sie keine Audioaufzeichnung machen können, fertigen Sie schriftliche Notizen an. Halten Sie auch den äußeren Kontext des Interviews fest, z. B. Art der Begrüßung und Verabschiedung, Tageszeit und Ort oder eventuelle Störungen.
↗ Die Interviewdauer kann von fünf Minuten bis zu mehreren Stunden variieren. Dies hängt auch immer von dem Gesprächsfluss und der Kommunikationsbereitschaft des Interviewten ab. Kalkulieren Sie durchschnittlich zwischen 30 und max. 60 Minuten ein. Längere Interviews haben durchaus einen abschreckenden Charakter auf die Interviewten (bedenken Sie: Wer meldet sich auf eine Studie, in der drei- oder vierstündige Interviews durchgeführt werden?).
↗ Als Interviewer benötigen Sie eine sehr gute Aufmerksamkeits- und Gedächtnisleistung. Weiterhin müssen Sie Einfühlungsvermögen zeigen und in sehr kurzer Zeit Nachfragen entwickeln. Sie müssen sich in dem Themengebiet, um das es geht, sehr gut auskennen. Wenn Sie sich am Interviewtag gesundheitlich angeschlagen fühlen, verlegen Sie das Interview besser.

LESEHINWEIS

Weitere methodisch-technische Hinweise für qualitative Interviews finden Sie detailliert im Buch *Qualitative Sozialforschung* von Lamnek (2010a) im Kapitel 8.3.

ÜBUNG 2.10:

Sie haben in der Übung 2.9 überlegt, wie Sie eine Person für Ihr Interview gewinnen können. Fragen Sie nun eine Person, die Ihre zuvor festgelegten Eigenschaften erfüllt, ob sie bereit ist, ein Interview von max. 30 Minuten Dauer zu führen. Bereiten Sie sich auf das Interview vor und führen es durch. Berücksichtigen Sie die Interviewtechniken und die ethischen Grundsätze.

TIPP:

Nehmen Sie sich ausreichend Vorbereitungszeit. Lesen Sie nochmals die betreffenden Kapitelabschnitte und protokollieren Sie während des Interviews oder im Anschluss daran für Sie wichtige Ereignisse. Achten Sie gezielt auf das Verhalten des Interviewten, aber auch auf Ihr eigenes Verhalten.

Fehlerquellen und Reflexion des Interviews

Bei der Durchführung eines Interviews kann eine Vielzahl von möglichen Fehlerquellen beim Interviewer und auch seitens des Interviewten auftreten. Diese Fehler – auch Intervieweffekte genannt – gilt es, sich bewusst zu machen. Vielleicht gelingt es Ihnen, diese Fehlerquellen während des Interviews zu kontrollieren, ansonsten ist auch die nachträgliche Reflexion und Dokumentation von Fehlerquellen möglich. Möglicherweise handelt es sich um unbewusste Fehler, die Ihrer Reflexion nicht zugänglich sind.

Die möglichen Intervieweffekte aufseiten des Interviewers und des Interviewten sind vielfältig. Fehlerquellen sind immer sehr spezifisch und situationsabhängig; in Tabelle 2.4 wir dennoch versucht, eine Übersicht zu geben.

Tabelle 2.4: Fehlerquellen im Rahmen eines Interviews (vgl. Döring/Bortz 2016, S. 360–365)

Effekte beim Interviewer	**Beispiele**	**Effekte beim Interviewten**	**Beispiele**
soziale Merkmale	Alter, Geschlecht, Aussehen des Interviewten	Reaktion auf die soziale Rolle/soziale Erwünschtheit	Der Interviewte nimmt einen bestimmten Untersuchungsgegenstand an. Er antizipiert, was der Interviewer oder die Allgemeinheit gerne von ihm hören möchte.
persönliche Merkmale	Einstellungen und Erwartungen gegenüber dem Forschungsthema und dem Interviewten	strukturelle Merkmale	Dauer des Interviews, Unter- bzw. Überforderung, Missverständnisse
Fälschungen	Der Interviewer weicht zu stark vom Thema ab oder fokussiert das Thema auf einen anderen Bereich, sodass das ursprüngliche Thema verfälscht wird.	unzureichende Verbalisierung	Der Interviewte kann die Fragen nicht ausreichend genug verbalisieren bzw. die narrative Kompetenz ist nicht ausreichend.
Verkürzungen und falsche Fragen	Der Interviewer verkürzt das Interview durch einen Mangel an Kommunikationsstrategien oder er stellt schlecht formulierte Fragen (z. B. suggestiv oder ohne das Vorwissen des Interviewten zu berücksichtigen).	Reihenfolgeeffekte	Die Fragenabfolge des Interviewers irritiert den Interviewten und führt dazu, dass die Beantwortung einer Frage die Beantwortung der nächsten Frage negativ beeinflusst.
unangemessener Gesprächsstil	Der Interviewer reagiert zu weich oder zu hart im Gesprächsverlauf, d. h. die Gesprächsführung ist unangemessen empathisch oder unangemessen autoritär.	unangemessene Reaktionen	Der Interviewte blockt ab oder thematisiert andere Aspekte (z. B. Kleidung des Interviewers) als die Fragen, die als unangemessen erscheinen.

Effekte beim Interviewer	Beispiele	Effekte beim Interviewten	Beispiele
Motivation und Aufmerksamkeit	Der Interviewer kann sich nicht ausreichend konzentrieren und/oder die Motivation des Interviewten während des Interviews aufrechterhalten.	Motivation	Der Interviewte hat keine ausreichende Motivation, um über das Thema ausführlich zu sprechen.
Überidentifikation	Der Interviewer identifiziert sich zu stark mit dem Interviewten und schafft es nicht, ein neutrales Nähe- und-Distanzverhältnis aufrechtzuerhalten.	Überidentifikation	Der Interviewte identifiziert sich zu stark mit dem Interviewer, sucht die Nähe, gibt viele Informationen preis, was er evtl. im Nachhinein bereut.

ÜBUNG 2.11:

Sie haben in Übung 2.10 selbst ein Interview durchgeführt. Reflektieren Sie nun Ihr Interview auf Basis von Tabelle 2.4. Welche Fehlerquellen sind aufgetreten? Welche Intervieweffekte können Sie aufseiten des Interviewten erkennen und welche Fehler sind durch Sie als Interviewer entstanden? Überlegen Sie auch, ob es eine Möglichkeit gegeben hätte, diese Effekte zu kontrollieren.

TIPP:

Legen Sie Ihren Fokus zunächst auf die offensichtlichen Fehlerquellen: Gab es irgendwelche unvorhersehbaren Ereignisse während des Interviews? Wurden Sie oder Ihr Interviewpartner beispielsweise abgelenkt? Konnte Ihr Interviewpartner mit Fragen aus dem Leitfaden nicht umgehen? Hatten Sie Schwierigkeiten in der Kommunikation, weil Sie nicht wussten, welche Nachfrage wann geeignet sein könnte? Arbeiten Sie sich danach zu den verborgenen Fehlerquellen vor: Wie haben Sie Ihre Rolle als Interviewer erlebt? Welche Gefühle wurden bei Ihnen während des Gesprächs aktiviert? Welche Wirkung hatte der Interviewte auf Sie, d. h. beispielsweise sein Geschlecht, sein Aussehen, sein Alter, sein nonverbales Verhalten? An welchen Stellen fühlten Sie sich vielleicht angegriffen, nicht ernst genommen oder hilflos? Berücksichtigen Sie dabei zusätzlich die Situation vor und nach dem Interview: Gab es besondere Verhaltensweisen? Gehen Sie ruhig in die Tiefe und reflektieren Sie genau.

Die qualitative Forschung legt ihr Augenmerk insbesondere auf die Analyse der Interaktion zwischen Forschenden und Beforschten. Der Interviewer sollte das gesamte Interview im Hinblick auf die Situation, seine Interaktionen mit der Person und eventuelle Besonderheiten, z. B. Fehlerquellen, bewerten. Die subjektiven Bewertungen des Interviewers nach Abschluss eines Interviews sind deshalb sehr wertvoll und dienen als Grundlage für die spätere Datenauswertung. Ähnliches gilt für Effekte, die aufseiten des Beforschten sichtbar gemacht werden können. Wenn der Interviewte beispielsweise in einem narrativen Interview ins Stocken gerät oder sehr lange überlegt, dann kann dieses Verhalten für eine aktuelle Blockade im Erinnerungsprozess stehen und zentrale Hinweise auf den aktuellen Bewältigungsstatus des Themas liefern. Beispielsweise könnte die Person das Thema verdrängen oder bestimmte Themen nicht preisgeben wollen.

Ethische Probleme

Abschließend möchte ich Sie noch auf besondere ethische Probleme in qualitativen Interviews hinweisen. Ein qualitatives Interview setzt Nähe zwischen Forschenden und Beforschten voraus. Hieraus ergeben sich zwangläufig Probleme. Ein narratives Interview kann beispielsweise sehr belastende Ereignisse bei den Interviewten ins Gedächtnis rufen, die einer therapeutischen Intervention bedürfen. Der Interviewer sollte daher Adressen für weiterführende Ansprechpartner zur Verfügung stellen und die Person nur in einem psychisch stabilen Zustand wieder entlassen. Die Interviewten sollten die Möglichkeit erhalten, Einsicht in ihre Audio- oder Schriftaufzeichnungen zu nehmen. Das dient zum einen der kommunikativen Validierung, aber zum anderen auch der Kontrolle der Interviewten darüber, was sie tatsächlich preisgegeben haben. Gerade weil das qualitative Interview wie eine alltägliche Kommunikation erscheint, können Aussagen protokolliert werden, die der Befragte eigentlich nie beabsichtigt hatte (vgl. Hussy et al., 2013, S. 230). Bei Kindern sollte man aufgrund ihrer sprachlichen Fähigkeiten auf Interviews verzichten und Beobachtungsstudien vorziehen. Auf Jugendliche können Interviews hingegen motivierend wirken (vgl. Lamnek, 2010a, S. 647). Bei sehr alten Personen und Heimbewohnern gilt es zu berücksichtigen, dass eine freiwillige Teilnahme abgesichert sein muss. Beispielweise können Demenzerkrankungen die Fähigkeit der freiwilligen Teilnahme einschränken (vgl. Lamnek, 2010a, S. 652). Bei der Untersuchung von Minderheiten, d. h. Gruppen, die sich z. B. hinsichtlich ihrer Kultur, ihrer Religion oder ihrer Sexualität von der Bevölkerungsmehrheit unterscheiden, müssen Sie sich bewusst sein, dass die Gefahr von Fehlinterpretationen erhöht ist und spezifische Hintergründe genauer recherchiert und geprüft werden müssen (vgl. Lamnek, 2010a, S. 653 ff.).

2.2.2 Durchführung eines Experiments

Qualitative Interviews stellen nur eine von vielen qualitativen Methoden der Datenerhebung dar. In dem vorangegangenen Kapitel haben wir festgestellt, dass innerhalb der qualitativen Interviews wiederum diverse Techniken der Einzel- und Gruppenbefragung zur Verfügung stehen. Mit dem Begriff des Experiments verhält es sich in diesem Unterkapitel nun ganz ähnlich. Unter einem Experiment werden sowohl diverse quantitative als auch qualitative Techniken verstanden, die einen bewussten Eingriff in die Forschungssituation herbeiführen. Ein aktives Eingreifen des Forschenden in den zu untersuchenden Forschungsgegenstand ist wichtig, um das Experiment von der passiven Beobachtung abgrenzen zu können (vgl. Lamnek, 2010a, S. 584 f.). Sie werden im Folgenden die Definitionen und die Abgrenzungen des Experiments vergleichen, den Status des qualitativen Experiments im Rahmen der Feldforschung genauer beleuchten und die Fehlerquellen identifizieren.

Quantitatives vs. qualitatives Experiment

Experimente finden sowohl in der quantitativen als auch in der qualitativen Methodologie Anwendung. Das quantitative Experiment beruft sich jedoch – analog zu schriftlichen Befragungen – auf folgende Gütekriterien:

- Standardisierung
- Messbarkeit
- Wiederholbarkeit
- Vergleichbarkeit

Der Forschende hat bereits vor dem Experiment Hypothesen entwickelt, die er im Rahmen des Experiments durch einen aktiven Eingriff überprüfen möchte. Unter einem aktiven Eingriff werden bewusste Manipulationen einer oder mehrerer unabhängiger Variablen verstanden, deren Veränderung der Forschende prüfen möchte (vgl. Praxisbeispiel 2.9). Das unterscheidet ein Experiment von einem klassischen Fragebogen, einem Test oder einer Beobachtung.

PRAXISBEISPIEL 2.9:

Eine quantitativ ausgerichtete Untersuchung misst die Veränderungen der Reaktionszeiten von Versuchspersonen unter Alkoholeinfluss. Hierfür wird jeder Versuchsperson ein halber Liter Bier verabreicht, und die Reaktionszeitwerte vor und nach dem Konsum werden mit einer Stoppuhr gemessen. Weitere Einflüsse auf die Reaktionszeiten, z.B. Alter, Geschlecht oder Gewicht einer Person, werden möglichst kontrolliert.

Das qualitative Experiment grenzt sich von dem quantitativen Experiment durch sein Erkenntnisinteresse ab. Das heißt, vorstrukturierte Inhalte und klare Messvorgänge sind für das qualitative Experiment nicht entscheidend; stattdessen steht die Erforschung von Situationen, Themen oder Interaktionen im Vordergrund, um Einblicke in Strukturen zu erhalten. Mit Struktur ist an dieser Stelle wieder das Erkennen von Typen gemeint.

MERKSATZ

Wiederholbarkeit ist kein entscheidendes Kriterium für ein qualitatives Experiment. Das qualitative Experiment agiert im Feld, also in natürlichen Situationen, und möchte die Personen vor Ort untersuchen, z.B. zu Hause, in einer Kindertagesstätte oder im Büro.

Daher hat sich für Experimente in der qualitativen Forschung auch der Begriff der Feldforschung etabliert. Dieser Begriff geht auf die Anfänge der qualitativen Methoden durch die Ethnomethodologie zurück (vgl. Kapitel 1.1.4), die bewusst im Feld u.a. Krisenexperimente durchgeführt hat. Jedoch gilt es zu berücksichtigen, dass auch eine quantitative Forschung im Feld durchgeführt werden kann. Daher werden wir an dieser Stelle die Definitionen und Abgrenzungen noch weiter ausdifferenzieren (vgl. Tabelle 2.5). Ein sehr berühmtes Beispiel für ein qualitatives Experiment ist das Stanford-Prison-Experiment von Zimbardo aus dem Jahr 1972 (vgl. Praxisbeispiel 2.10).

PRAXISBEISPIEL 2.10:

Zimbardo simulierte in seinem Experiment eine Gefängnissituation im Universitätskeller der Stanford Universität. Studenten, die sich freiwillig zur Verfügung stellten, wurden in die Gruppe der Gefangenen und in die Gruppe der Wärter aufgeteilt. Die Studierenden sollten eine reale Gefängnissituation nachstellen. Zimbardo griff dabei aktiv als Gefängnisleiter in das Geschehen ein. Die Studie ist bis heute umstritten und führte zur Einführung von ethischen Richtlinien. Nichtsdestotrotz handelt sich bei der Studie um ein qualitatives Experiment. Zimbardos Forschungsfrage lautete: „What happens if we put people in an evil place?"

Untersuchungstypen bei Experimenten

Welche Varianten von Experimenten denkbar sind, erkennen wir in der nachfolgenden Tabelle 2.5. Während die ersten beiden Zeilen die Feld- und Laboruntersuchung allgemein definieren, findet im weiteren Verlauf eine Differenzierung nach Untersuchungstypen statt.

Tabelle 2.5: Differenzierung der Untersuchungstypen bei Experimenten

Art der Untersuchung	Definition
Felduntersuchung	Untersuchung der Versuchspersonen in einem natürlichen Umfeld (= Feld)
Laboruntersuchung	Untersuchung von Versuchspersonen in einem künstlich geschaffenen Umfeld (= Labor)
experimentelle Felduntersuchung	Untersuchung von Versuchspersonen in einem natürlichen Umfeld mit zufälliger Zuteilung der Versuchspersonen zu Experimental- und Kontrollgruppe (= Randomisierung)
experimentelle Laboruntersuchung	Untersuchung von Versuchspersonen in einem künstlich geschaffenen Umfeld mit zufälliger Zuteilung der Versuchspersonen zu einer Experimental- und Kontrollgruppe

Art der Untersuchung	Definition
quasiexperimentelle Felduntersuchung	Untersuchung der Versuchspersonen im natürlichen Feld und Vergleich natürlicher Gruppen ohne Zufallsprinzip
quasiexperimentelle Laboruntersuchung	Untersuchung der Versuchspersonen im künstlichen Umfeld und Vergleich natürlicher Gruppen ohne Zufallsprinzip

Es lassen sich also zwei gegensätzliche Forschungsfelder definieren. Ob ein Experiment im Feld oder im Labor stattfindet, hat unmittelbare Konsequenzen auf die Einordnung der experimentellen Situation. Fehlerquellen im natürlichen Umfeld, z.B. im Büro, können schlechter kontrolliert werden als in einem standardisierten Raum, etwa einem Labor. Die experimentelle Untersuchung zeichnet sich durch die zufällige Auswahl von Versuchspersonen aus, die nach dem Zufallsprinzip in Gruppen unterteilt werden. Als Fachbegriff hat sich hierfür der Begriff Randomisierung (vom englischen Begriff *random* abgeleitet) etabliert. Die Anwendung von experimentellen Untersuchungen sichert durch das Zufallsprinzip ein Höchstmaß an Kontrolle von Fehlerquellen, denn diese verteilen sich nun zufällig auf die Versuchsgruppen und können keinen systematischen Einfluss mehr ausüben. Nicht immer gelingt es, Personen zufällig einzuteilen. In solchen Fällen spricht man von quasiexperimentellen Untersuchungen, d.h. die Personen können auf Basis bereits bestehender, unveränderlicher Merkmale nicht nach dem Zufallsprinzip eingeteilt werden (vgl. Praxisbeispiel 2.11).

PRAXISBEISPIEL 2.11:

Sie möchten gern den Einfluss des Zigarettenkonsums auf die Reaktionszeiten untersuchen. Es wäre ethisch fragwürdig, die Versuchspersonen zufällig der Gruppe der Raucher oder der Nichtraucher zuzuordnen sowie Nichtraucher zu bitten, Raucher zu werden. Gleichfalls müssten die Raucher zum Nichtraucher werden. Stattdessen liegt bereits eine natürliche Einteilung in die Gruppe der Raucher und der Nichtraucher vor, die Sie für ein Quasiexperiment nutzen.

MERKSATZ

Ein qualitatives oder quantitatives Experiment kann entweder quasiexperimentell oder experimentell durchgeführt werden. Das qualitative Experiment findet häufig im Feld statt. Bei einem quantitativen Experiment liegt, im Feld wie im Labor, das Augenmerk auf der Standardisierung. In der qualitativen Methodologie bevorzugt man stattdessen eine offene Haltung, um neue Inhalte aufzudecken. Beide Methodenarten unterscheiden sich somit nur durch ihre Vorgehensweise.

Das qualitative Experiment

Das quantitative und das qualitative Experiment ähneln sich dahingehend, dass bei beiden aktiv in eine Forschungssituation eingegriffen oder eine Veränderung des Forschungsgegenstands durch den Forschenden herbeigeführt wird. Bei einem qualitativen Experiment werden hierfür andere Techniken genutzt als bei einem quantitativen. Diese Manipulationstechniken können gliedernd, einschränkend oder umwandelnd auf den Untersuchungsgegenstand einwirken (vgl. Lamnek, 2010a, S. 587):

- Unter Gliederung wird die Einteilung von Personen in Gruppen verstanden. Der Forschende unterteilt eine Gruppe von Personen anhand von charakteristischen Merkmalen, z. B. Geschlecht oder Vorwissen. Dieses Vorgehen erinnert an eine quantitative Technik, jedoch soll dadurch erkundet werden, wie sich die Gruppenmitglieder neu aufeinander einstellen. Das Gliedern dient als Instrument, um neue Beobachtungssituationen zu schaffen.
- Mit der Technik der Einschränkung ist gemeint, dass der Forschende bewusst etwas aus der Situation bzw. dem Forschungsgegenstand entfernt und dann untersucht, wie die Versuchspersonen mit diesem Verlust umgehen, z. B.: Wie geht eine Person damit um, wenn sie plötzlich von anderen Versuchspersonen ignoriert wird? Die Person wird aus der untersuchten Gruppensituation isoliert, der Forschungsgegenstand wurde somit eingeschränkt.
- Durch Umwandlungen versucht der Forschende, Forschungsgegenstände zu ersetzen oder komplett zu transformieren und so eine Irritation herbeizuführen,

z. B.: Wie reagieren Personen, wenn ein Mensch im kalten Winter nur mit einer Badehose bekleidet durch die Innenstadt läuft?

LESEHINWEIS

Im Buch *Qualitative Sozialforschung* von Lamnek (2010a) finden Sie im Kapitel 12.3 (S. 587–589) eine ausführliche Beschreibung der Techniken des qualitativen Experiments mit Beispielen.

Die beschriebenen Techniken verdeutlichen, wie sich qualitative von quantitativen Experimenten unterscheiden.

ÜBUNG 2.12:

Reflektieren Sie die Ansätze des qualitativen Experiments. Welche Vor- und Nachteile erkennen Sie? Bewerten Sie: Welche Bedeutung wird Ihrer Meinung nach dem qualitativen Experiment im Vergleich zum quantitativen Experiment in der Forschungslandschaft zugeschrieben? Wird eine der Experimentarten evtl. bevorzugt?

TIPP:

Als Anschauungsmaterial empfehle ich Ihnen einen Film über das Stanford-Prison-Experiment. Den Film finden Sie unter folgendem Link:
https://m.youtube.com/watch?v=L_LKzEqlPto (08.02.2017)

Abschließend möchte ich gern nochmals auf die bereits bearbeiteten ethischen Richtlinien (vgl. Kapitel 2.1.3) verweisen, die Ihnen Handlungsstrategien und Regeln im Umgang mit Versuchspersonen vorgeben, die auch in Experimenten umzusetzen sind (vgl. Bortz/Döring, 2016, vgl. Richtlinien der Ethikkommission).

2.2.3 Durchführung einer Beobachtung

Die Durchführung von qualitativen Experimenten (vgl. Kapitel 2.2.2) und von qualitativen Interviews (vgl. Kapitel 2.2.1) ist untrennbar mit einer Beobachtung der beforschten Personen verbunden. Im Rahmen eines qualitativen Experiments nutzt der Forschende diese Methode, um Erkenntnisse über den Forschungsgegenstand zu erlangen. Auch während eines Interviews beobachtet der Interviewer sehr genau das Verhalten des Interviewten sowie seine eigene Wahrnehmung. In diesem Unterkapitel werden Sie deshalb die qualitative Methode der Beobachtung mit ihrer Vielzahl an Beobachtungsarten einschätzen, die Rolle des Beobachters beurteilen und sich mit der Anwendung eines Beobachtungsschemas und der teilnehmenden Beobachtung vertraut machen.

Beobachtungsarten

Auf Grundlage des Ausschlussdiagramms für die visuelle Datenerhebung (vgl. Abb. 2.4) und durch die Lektüre der vorangegangenen Kapitel haben Sie bereits einen Einblick in die unterschiedlichen Beobachtungsarten erhalten. Die Kategorisierung erfolgt dabei nach dem:

- Grad der Aktivität des Beobachters, d. h. ob er direkt am Beobachtungsgeschehen teilnimmt (= teilnehmende Beobachtung) oder nicht (= nicht teilnehmende Beobachtung)
- Grad der Standardisierung: standardisiert, halbstandardisiert oder unstandardisiert
- Grad der Informiertheit der beobachteten Person: verdeckt oder offen

ÜBUNG 2.13:

Sie möchten mehr über das Verhalten von männlichen Jugendlichen in lokalen Freizeittreffs erfahren. Entwickeln Sie je ein Beispiel für eine verdeckte, teilnehmende Beobachtung sowie für eine nicht teilnehmende, offene Beobachtung. Welche Probleme könnten bei den unterschiedlichen Beobachtungsarten auftreten?

TIPP:

Nutzen Sie die Beschreibungen im Ausschlussdiagramm in Abb. 2.4 und im Kapitel 2.2.

Grad der Teilnahme des Beobachters

Die teilnehmende Beobachtung ist eine der wichtigsten Beobachtungsarten innerhalb der qualitativen Forschung, weil sie viele Erkenntnisinteressen, z. B. der Phänomenologie oder des symbolischen Interaktionismus, vereint (vgl. Hussy et al., 2013, S. 203). Der Forschende befindet sich in einer direkten Interaktion mit dem Beforschten und kann auf diese Weise sein Verhalten und Erleben besser nachvollziehen. Dabei macht er sich mit seinen eigenen Erfahrungen gleichzeitig selbst zum Gegenstand der Analyse und versucht, distanziert und wertungsfrei das Geschehen zu betrachten. Diese Art der Beobachtung stützt sich somit auf die Phänomenologie (vgl. Kapitel 1.1.1). Dabei gilt es jedoch zu berücksichtigen, dass der unmittelbare Kontakt eine gewisse Nähe bedingt, der Forschende sich gleichzeitig aber wertungsfrei vom Geschehen distanzieren soll. Das führt automatisch zu einem Widerspruch, der auch das Dilemma von Nähe und Distanz genannt wird. Bei der nicht teilnehmenden Beobachtung wird zwar dieses Problem umgangen, jedoch kann der Beobachter das Geschehen nur von außen betrachten, ohne Erfahrungen zu machen, die bestimmte Gefühle und neue Sichtweisen bei ihm auslösen könnten.

Grad der Standardisierung

Bei einer teilnehmenden Beobachtung verzichtet der Forschende auf ein festes Beobachtungsschema, lässt stattdessen die Interaktion auf sich wirken und macht erst gegen Ende der Beobachtung Notizen (vgl. Döring/Bortz, 2016, S. 340 f.). Qualitative

Beobachter nutzen deshalb – in Abgrenzung zu quantitativen Beobachtern – ein halbstandardisiertes oder ein unstandardisiertes Beobachtungsschema. Dies liegt absolut im Erkenntnisinteresse der qualitativen Methodologie, denn es stehen Verhaltensweisen eines Beforschten im Mittelpunkt und gleichzeitig besteht eine Offenheit gegenüber neuen Ansätzen, welche mit einem standardisierten Schema nicht vereinbar wäre. Die teilnehmende Beobachtung eignet sich besonders gut für weniger standardisierte Vorgehensweisen. Soll ein fester Beobachtungsplan abgearbeitet werden, ist eine nicht teilnehmende Beobachtung die bessere Wahl, weil der Beobachter sich vollständig auf die zu beobachtenden Verhaltensweisen konzentrieren kann.

Ein quantitativer Methodiker würde ein festes, standardisiertes Beobachtungsschema bevorzugen, um die Verhaltensweisen möglichst messbar zu machen, um statistische Vergleiche zwischen mehreren Beobachtern ziehen zu können und das Ausmaß der Fehlerquellen so gering wie möglich zu halten. Dafür benötigt er aber ein ausreichendes Vorwissen zum Untersuchungsthema.

ÜBUNG 2.14:

Ein großes Wirtschaftsunternehmen möchte eine neue Mitarbeiterstelle in der Marketingabteilung besetzen. Sie wurden von dem Unternehmen beauftragt, im Rahmen eines Assessment-Centers durch eine teilnehmende Beobachtung herauszufinden, welcher Bewerber sich am besten für die Stelle eignet. Wie gehen Sie vor?

TIPP:

Wählen Sie für diese Übung ein existierendes Wirtschaftsunternehmen Ihrer Stadt aus, an dem Sie Ihre Ideen für das Assessment-Center ausrichten möchten. Assessment-Center zeichnen sich durch Simulationsübungen aus, die Auskunft über die Bewältigung von zukünftigen Arbeitsanforderungen und Persönlichkeitseigenschaften der Bewerber geben sollen. Als Übungen können Rollenspiele, Fallaufgaben, Präsentationen, Diskussionen, Interviews oder auch Postkorbübungen – z. B. Strukturierung eines vollen E-Mail-Postfachs, von Briefen und Telefonanfragen – eingesetzt werden. Wenn Sie vor der Frage stehen, ob ein standardisiertes oder ein unstandardisiertes Vorgehen vorzuziehen ist, sollten Sie zunächst ergründen, ob Sie eine klare Vorstellung von dem, was Sie messen möchten, haben. Was macht einen geeigneten Bewerber aus? Welche Eigenschaften sollte er besitzen, beispielsweise Teamfähigkeit? Falls nicht ganz klar ist, welche Eigenschaften oder Variablen gemessen werden sollten, wie gehen Sie vor, um einen Bewerber als „gut“ zu klassifizieren? Welche Assessment-Übung fällt Ihnen für eine teilnehmende Beobachtung ein?

Sowohl bei einer unstandardisierten als auch bei einer halbstandardisierten Beobachtung sollte der Beobachter spätestens im Anschluss an die Beobachtung ein ausführliches Protokoll verfassen. Das Protokoll sollte die einzelnen Rollen der Teilnehmer und die auffälligsten Interaktionen beschreiben. Typische Wiederholungen und abweichende Verhaltensweisen werden ebenfalls dokumentiert (vgl. Lamnek, 2010a, S. 562 f.).

Der in Praxisbeispiel 2.12 wiedergegebene Ausschnitt aus einem Beobachtungsprotokoll stellt ein Negativbeispiel dar.

PRAXISBEISPIEL 2.12

Jugendliche wurden auf einem Parkplatz in Northeim (Sommer 2002, Samstag, Zeit: 20.30–22.00 Uhr) beobachtet:

„Ein Jugendlicher steigt zusammen mit dem Beifahrer aus dem Auto aus und startet noch einmal das Signalhorn. Dann wendet er sich der Straße zu. Sein Gesichtsausdruck und seine Körpersprache deuten auf einen bewusst provokativen Ausdruck hin. Seine Arme sind auf die Hüften gestützt, das Kinn vorgestreckt und er hat einen herausfordernden Blick. In dieser Position verweilt er einige Sekunden und dreht sich dann um, lässt die Arme sinken und geht auf die Gruppe zu. Er streckt zweien der männlichen Jugendlichen locker die rechte Hand entgegen, und nickt dem dritten zu. Zu den beiden Mädchen/Frauen beugt er sich ein wenig vor und küsst beide erst auf die rechte Wange." (Rosenthal, 2005, S. 113 f.)

Das Praxisbeispiel 2.12 gibt zwar viele Details wieder, jedoch bleiben die grundlegenden Interaktionen zwischen den beobachteten Personen unklar. Im Protokoll liegt der Fokus auf einem Jugendlichen, die Reaktionen der Gruppe auf sein Verhalten bleiben aber gänzlich unerwähnt (vgl. Rosenthal, 2005, S. 114).

ÜBUNG 2.15:

An welchen Stellen in diesem Beobachtungsprotokoll wird deutlich, dass die Interaktionen in den Gruppen vom Beobachter unberücksichtigt blieben?

TIPP:

Überlegen Sie anhand des Praxisbeispiels, welche Aussagen Sie auf Basis des Beobachtungsprotokolls treffen können und welche Aussagen unklar bleiben. Was hätte der Beobachter Ihrer Meinung nach vielleicht in seinem Protokoll weglassen können? Welche Interaktionen hätten Sie sich dagegen umfassender protokolliert gewünscht, d. h. worauf hätten Sie geachtet?

Um Interaktionen besser protokollieren zu können, kann der Einsatz von Videokameras während der Beobachtung ein wichtiges Hilfsmittel, gleichzeitig aber auch ein Nachteil sein, weil reaktive Effekte auftreten können. Die genannten Aspekte stellen kein Ausschlusskriterium für die quantitative Forschung dar, besitzen aber in der qualitativen Forschung einen großen Stellenwert.

LESEHINWEIS

Einen weiterführenden Vergleich der quantitativen und qualitativen Forschungsausrichtung finden Sie im Buch *Qualitative Sozialforschung* von Lamnek (2010a) im Kapitel 1.1.3 (S. 515–519).

Teilnehmende Beobachtung

Beobachtungen entstehen immer durch kognitive Selektionsprozesse, mit denen der Beobachter eine Situation verarbeitet. Der Beobachter kann in der Beobachtungssituation zwangsläufig also nicht alle Verhaltensweisen erfassen, da seine Wahrnehmung dafür nicht ausreicht. Nimmt er selbst aktiv an einer Beobachtung teil, beeinträchtigt dies seine Wahrnehmung viel stärker und er muss auswählen, auf welche Aspekte der Beobachtung er einen Fokus legt. Zudem kann es durch die eigene Teilnahme zu Verzerrungen im Verhalten der beobachteten Personen kommen. Weiterhin können nur Verhaltensweisen beobachtet werden, die in diesem begrenzten Zeitraum auftreten. Ob es sich dabei um allgemeine Verhaltensmuster der beobachteten Personen handelt, kann in einer Beobachtung nicht festgestellt werden.

ÜBUNG 2.16:

Beobachten Sie in den nächsten Tagen teilnehmend eine Situation in Ihrem beruflichen oder privaten Umfeld, die Sie besonders interessiert. Reflektieren Sie im Anschluss Ihre Rolle als Beobachter.

TIPP:

Reflektieren Sie anhand dieser Übung besondere Auffälligkeiten während der Beobachtung. Wie ist es Ihnen in der Beobachterrolle ergangen? Wie hat sich die teilnehmende Beobachtungsform auf Ihr Verhalten und das Verhalten der Gruppe bzw. der beobachteten Person(en) ausgewirkt? Konnten Sie Einschränkungen in Ihrer Wahrnehmung feststellen?

Der Beobachter durchläuft während der teilnehmenden Beobachtung oft den klassischen Prozess der Strukturierung von neuen sozialen Beziehungen. Wenn sie den Forschenden noch nicht kennen, werden die beobachteten Personen ihn ausführlich prüfen und zunächst als einen Fremdkörper in ihrer Gruppe betrachten. Dem Beobachter muss es gelingen, genau wie beim Interview und Experiment, eine vertrauensvolle und authentische Beziehung zu schaffen, sodass die beforschten Personen sich wohl fühlen. Erst danach werden sie bereit sein, den Forscher als vollwertiges Mitglied an den Gruppeninteraktionen teilhaben zu lassen. Zum Ende der Beobachtung sollte es dann wieder zu einem angenehmen Abschluss kommen, der einen weiteren Kontakt zu der Gruppe nicht ausschließt (vgl. Lamnek, 2010a, S. 539 ff.).

In Tabelle 2.6 werden Handlungsstrategien aufgeführt, die sich bei teilnehmenden Beobachtungen als besonders nützlich erweisen.

Tabelle 2.6: Empfehlungen für die Durchführung teilnehmender Beobachtungen (vgl. Lamnek, 2010a, S. 544 f.)

Handlungsstrategien bei der teilnehmenden Beobachtung
➚ Auch wenn Sie an der Beobachtungssituation teilnehmen, versuchen Sie, das Geschehen im Feld so wenig wie möglich durch Ihr eigenes Verhalten zu beeinflussen – es sei denn, eine bewusste Störung ist für Ihre Fragestellung relevant.
➚ Passen Sie sich an die Erwartungen der Teilnehmer an, um eine Außenseiterrolle zu vermeiden.
➚ Verhalten Sie sich solidarisch.
➚ Nutzen Sie alltägliches, legales Handeln als Richtwert. So können Sie juristische Probleme vermeiden, wenn die Beobachtung in einem gesellschaftlich nicht konformen Feld stattfindet.
➚ Reflektieren Sie stets Ihre eigene Rolle und Ihre Verhaltensweisen.
➚ Beenden Sie die Beobachtung mit der Möglichkeit, in das Feld zurückzukehren.

Die in Tabelle 2.5 genannten Handlungsstrategien stellen ein wesentliches Grundproblem der teilnehmenden Beobachtung heraus: Beobachter sollen durch eigenes Verhalten das Feld so wenig wie möglich stören, sich aber gleichzeitig den Erwartungen anpassen, sodass Sie in die Gruppe aufgenommen werden. Vereinfacht gesprochen kann das bedeuten: Der Beobachter soll sich von der Feldsituation distanzieren und sich gleichzeitig identifizieren. Doch diese Anforderungen schließen einander aus. Es ist nicht möglich, sich gleichzeitig mit etwas zu identifizieren und sich davon zu distanzieren. Es existiert somit ein Dilemma von Nähe und Distanz, welches in der qualitativen Methodologie als unüberwindbar gilt. Bei vielen Forschungsgegenständen kann es vorkommen, dass der Forschende automatisch mehr zu einer Distanzierung als zu einer Identifikation tendiert (vgl. Praxisbeispiel 2.13).

PRAXISBEISPIEL 2.13:

Sie möchten durch Anwendung einer teilnehmenden Beobachtung das soziale Verhalten von jungen Erwachsenen beobachten, die bereits als Sexualstraftäter auffällig geworden sind. Sie werden eine stärkere Distanz zu der Gruppe entwickeln als eine Identifikation.

MERKSATZ

Die Reflexion des eigenen Nähe- und Distanzverhältnisses zum Forschungsgegenstand ist damit eine weitere notwendige Bedingung für eine gelungene qualitative Forschung.

Das bereits in Praxisbeispiel 2.12 beschriebene einseitige Protokoll über die Beobachtung einer Gruppe von Jugendlichen auf einem Parkplatz kann im Nachhinein als eine besondere Identifikation des Beobachters mit dem Jugendlichen gedeutet werden. Der Beobachter konzentrierte sich gezielt auf einen Jugendlichen, wodurch er für die weiteren Beteiligten nicht die nötige Aufmerksamkeit aufbringen konnte. In Praxisbeispiel 2.14 werden die Fehler des Beobachters konkretisiert.

PRAXISBEISPIEL 2.14

„Aus dem restlichen Protokoll wird auf mehrere Weise deutlich, weshalb sich der Protokollant in seiner Beobachtung auf die Person A konzentrierte und weshalb die anderen Jugendlichen aus seinem Blick gerieten. Detailliert beschreibt der Beobachter, wie dieser Jugendliche A, der mit seinem auffällig gestylten VW-Golf (u. a. mit Deutschland-Fahne im hinteren Seitenfenster) mit aufheulendem Motor und wiederholtem Ertönen eines ‚Signaltons' auf dem Parkplatz gefahren war, auf dem sich die anderen Jugendlichen und Beobachter seit bereits 30 Minuten aufhielten. Die Inszenierung von A auf dieser Bühne war dann auch insofern erfolgreich, als Unruhe bei der Gruppe der bereits anwesenden Jugendlichen aufkam. Diese Inszenierung beeindruckte jedoch auch den Beobachter, für den nun dieser Jugendliche im Fokus seiner Aufmerksamkeit stand und die anderen Jugendlichen damit aus seiner Perspektive verschwanden. Die Perspektivität des Beobachters wird durch diese detaillierte Beschreibung deutlich. Seine selektive Wahrnehmung wurde ihm auch selbst bewusst. So schreibt der Beobachter: ‚Dadurch, dass mit dem Erscheinen des Golfs eine Unruhe in die Gruppe gebracht wurde, geriet dieser Fahrer in meinen Beobachtungsfokus'." (Rosenthal, 2005, S. 114)

Ethische Probleme

Wie bei den Experimenten und Interviews möchte ich Sie abschließend auf die ethischen Grundsätze hinweisen, die auch bei der Beobachtung gewahrt werden müssen (vgl. Kapitel 2.1.3). Bei Beobachtungen ist besonders die Anwendung einer verdeckten Beobachtung ethisch problematisch. Wenn beobachtete Personen keine Kenntnis darüber haben, dass sie für wissenschaftliche Zwecke beobachtet werden, widerspricht dies dem Grundsatz der freiwilligen Teilnahme und dem Recht auf Information. Im journalistischen (investigativen) Bereich mag diese Art zu beobachten zu Erfolgen führen, jedoch können die Folgen im Bereich der Sozialforschung sehr weitreichend sein. Eine verdeckte Beobachtung kann als bewusster Täuschungsversuch gedeutet werden und widerspricht der qualitativen Denkweise, die auf eine Kooperation zwischen Forschenden und Beforschten aufbaut. Selbst wenn Ihnen keine juristischen Folgen durch das Aufdecken einer verdeckten Beobachtung drohen würden, so müssen Sie immer bedenken: Wie gehen die Beobachteten anschließend mit Ihnen um? Unehrlichkeit wird oft mit einem Ausschluss aus dem Feld bestraft und bei den Beobachteten entstehen Gefühle der Enttäuschung und Wut. Auch wenn alles gut gehen und Ihre verdeckte Beobachtung nicht entdeckt werden sollte, bedenken Sie: Mit welch ungutem Gefühl würden Sie diese Art der Beobachtung durchführen (vgl. Lamnek, 2010a, S. 556)?

MERKSATZ

Von verdeckten Beobachtungen sollte allgemein abgesehen werden. Diese Art des Beobachtens lässt sich mit der qualitativen Denkweise nicht vereinbaren.

2.3 Verarbeitung und Auswertung der gewonnenen Daten

In den vorangegangenen Unterkapiteln haben Sie ausgewählte Methoden der qualitativen Datenerhebung kennengelernt und angewandt. Die Datenerhebung stellt dabei jedoch nur einen kleinen Teil des Forschungsprozesses dar. Der Forschende muss zusätzlich Vorbereitungen für eine Protokollierung der Daten zum Zwecke der späteren Datenauswertung treffen und die Daten geeignet sichern. In Kapitel 2.2.3 haben Sie bereits Beobachtungsprotokolle beurteilt und die Anwendung von Beobachtungsplänen reflektiert. Im Kapitel 2.2.1 haben Sie beispielhaft ein eigenes Interview durchgeführt und sich vorab über Frageformulierungen in Interviewleitfäden informiert. Das qualitative Experiment haben Sie als Datenerhebungsmethode für visuelle und verbale Datenquellen kennengelernt (vgl. Kapitel 2.2.2). Im Folgenden werden Ihnen nun Techniken der Datenaufzeichnung vorgestellt und allgemeine Hinweise für die qualitative Datenauswertung gegeben. Sie werden zwei ausgewählte qualitative Auswertungsmethoden detaillierter bearbeiten, anwenden und die Vorgehensweise dieser Verfahren reflektieren.

2.3.1 Aufbereitung, Protokollierung und Transkription der Daten

Bevor verbale und visuelle Daten ausgewertet werden können, müssen sie geeignet aufgezeichnet bzw. protokolliert werden.

Die Auswertung innerhalb der qualitativen Forschung ist auf die Verschriftlichung der verbalen oder visuellen Daten angewiesen, da nur auf diesem Wege die Transparenz und Nachvollziehbarkeit der Untersuchung gewährleistet werden kann (vgl. Praxisbeispiel 2.15).

PRAXISBEISPIEL 2.15:

Eine Forscherin berichtet Ihnen, dass sie ganz typische Verhaltensmuster bei sozial unsicheren Kindern beobachtet hat. Sie wollen genauer wissen, wie sie diese Muster in ihrer Beobachtung erkannt hat. Sie kann es Ihnen nicht belegen, weil sie keine Aufzeichnung des Beobachtungsmaterials angefertigt hat. Würden Sie ihren Aussagen dennoch trauen?

Wir haben bereits festgestellt, dass die Art der Protokollierung sehr unterschiedlich ausfallen kann: Sie können ein standardisiertes Protokoll vor einer qualitativen Untersuchung erstellen und sich während der Untersuchung an diesem orientieren. Wenn Sie wenig Vorwissen über den Untersuchungsgegenstand besitzen und ein standardisiertes Protokoll Ihre Untersuchung einschränken würde, z.B. während einer teilnehmenden Beobachtung, werden Sie erst nach der qualitativen Untersuchung ein Protokoll mit Gesprächsnotizen anfertigen. Vielleicht verwenden Sie während eines Interviews eine Audioaufzeichnung und erstellen hinterher ein Protokoll Ihrer Eindrücke während der Interviewsituation. Tabelle 2.6 zählt die Empfehlungen für ein gutes Protokoll auf.

Tabelle 2.7: Empfehlungen für die Datenauswertung qualitativer Interviews (vgl. Rosenthal, 2005, S. 115)

Protokollierung von Beobachtungen
➚ Setzen Sie ggf. eine Ton- oder Videoaufnahme ein.
➚ Erstellen Sie ein Gesprächsblatt für jede Audioaufnahme. Dieses auch Gesprächsinventar genannte Dokument sollte eine Bezeichnung der Aufnahme, das Aufnahmedatum, die Aufnahmezeit und -dauer, den Ort und die Benennung der Sprecher enthalten. Weiterhin können Sie hier festhalten, ob bestimmte Besonderheiten – wie Dialekt oder Nebengeräusche – die Aufnahme beeinträchtigen und welche Minuten des gesamten Gesprächs verschriftlicht wurden.
➚ Prüfen Sie, ob die Daten authentisch und vollständig sind (vgl. Gütekriterien der qualitativen Forschung, Kapitel 1.2).
➚ Protokollieren Sie zusätzlich Ihre eigenen Eindrücke und machen Sie deutende Passagen des Protokolls kenntlich.
➚ Geben Sie an, wie Sie mit den Beobachteten im Feld interagiert haben.
➚ Notieren Sie grob den Gesamtablauf der Beobachtung und richten Sie dabei Ihre Aufmerksamkeit auf wesentliche Interaktionen, die für den Gesamtablauf der Beobachtung von Bedeutung sind.
➚ Da Sie nicht alle wesentlichen Interaktionen detailliert beschreiben können, konzentrieren Sie sich auf zwei Interaktionsszenen und achten Sie darauf, die Interaktion von Beginn bis Ende zu beschreiben.

Das folgende Protokoll (vgl. Praxisbeispiel 2.16) entstammt unserer bereits bekannten Beobachtungssituation der Jugendlichen auf einem Parkplatz (vgl. Praxisbeispiel 2.12 und 2.14). Es beschreibt eine Interaktionsszene der gleichen Feldsituation, diesmal ausführlicher und ohne den zu starken Fokus auf einen einzelnen Jugendlichen. Die Beobachtung wurde von zwei Beobachtern durchgeführt, wobei der zweite Beobachter sich auf andere Aspekte der Interaktion konzentrierte. Diese Beobachtung kann für eine weitere Auswertung genutzt werden. Dieses Protokoll stellt somit ein Positivbeispiel für ein Beobachtungsprotokoll dar.

PRAXISBEISPIEL 2.16:

Beobachtung von Jugendlichen auf einem Parkplatz in Northeim (Sommer 2002, Samstag, Zeit: 20.30–22.00 Uhr):

„Nach etwa einer viertel Stunde redet (A) oft mit der jungen Frau, die mit ihm in seinem Wagen auf den Parkplatz gekommen ist. Nachdem er zum dritten Mal die Musik geändert hat, gibt er beim Zurückkehren der jungen Frau einen Klaps auf den Po. Sie dreht sich um. Beide lächeln. Sie versucht jedoch, ihn zu schlagen. Er weicht mit dem Kopf aus und schafft es, ihre Handgelenke fest zu halten. Nach wenigen Sekunden Rangelei lassen sich beide wieder los. Die nächsten Minuten ist er in ihrer Nähe. Ein weiteres Mal fuchtelt er mit einer für mich nicht weiter identifizierbaren Schachtel vor ihrem Gesicht herum. Es scheint, dass er sie ihr vor die Stirn schlägt. Aber offenbar trifft er sie nie wirklich, sondern bremst seinen Schlag kurz vor ihr ab. Dabei klopft er mit der anderen Hand gegen die Schachtel, dass es einen pochenden Laut gibt. Sie redet auf ihn ein, ihre Stimme ist lauter als zuvor.“ (Rosenthal, 2005, S. 115)

LESEHINWEIS

Ein ausführliches Beispiel für ein Gesprächsblatt (auch Gesprächsinventar genannt) finden Sie im Buch *Gespräche analysieren* von Deppermann (2008) auf der Seite 33.

Transkription

Die Verschriftlichung von visuellen oder verbalen Daten wird Transkription genannt. Transkriptionen unterscheiden sich insofern von der bisher beschriebenen Protokollierung der Daten, als eindeutige Notationsregeln berücksichtigt werden müssen. Gespräche werden wörtlich verschriftet und in eine Textdatei überführt. Doch auch nonverbale Aspekte des Gesprächs werden in die Transkription aufgenommen. Dabei werden wichtige Aspekte des Gesprächsverlaufs, z. B. Lachen, Husten oder Sprechpausen, mitberücksichtigt (vgl. Döring/Bortz, 2016, S. 367). Aufzeichnungen zu transkribieren bedeutet, sich an feste Regeln zu halten. Diese Einheitlichkeit ist wichtig, damit andere Forschende Inhalte des Transkripts schnell erfassen und nachvollziehen können. Neben den kanonisierten Notationsregeln müssen Transkriptionen zusätzlich besonderen Vorgaben der Textgestaltung genügen (vgl. Döring/Bortz, 2016, S. 367 f.). Beispielsweise werden Gesprächsbeiträge immer mit Abkürzungen für die jeweiligen Sprecher versehen, sodass zu jedem Zeitpunkt kenntlich ist, wer spricht. Weiterhin wird dies besonders deutlich durch Absätze bei jedem Sprecherwechsel gemacht.

HINWEIS

Transkriptionszeichen von Lamnek (2010b) finden Sie unter folgendem Link:
https://www.beltz.de/fileadmin/beltz/downloads/Onlinematerialien-PVU/Qualitative_Sozialforschung/Transkriptionsregeln.pdf (09.02.2017)
Berücksichtigen Sie diese Regeln für die nachfolgende Übung 2.17.

ÜBUNG 2.17:

Überlegen Sie sich zwei Fragen, die Sie einer beliebigen Person stellen möchten. Fragen Sie die Person, ob Sie mit einer Tonaufnahme einverstanden ist. Führen Sie das Gespräch durch und sichern Sie Ihre Aufnahme. Transkribieren Sie das Interview auf Grundlage der Notationsregeln. Wenn Ihre Aufnahme länger als zehn Minuten dauert, beenden Sie die Transkription nach der zehnten Minute.

TIPP:

In dieser Übung geht es vorrangig um den Vorgang der Aufzeichnung. Ihre Fragen müssen keinen Qualitätskriterien genügen. Wenn Sie diese dennoch gerne berücksichtigen möchten, resümieren Sie nochmals das Kapitel 2.2.2.
Neben der oben genannten Quelle können Sie auch auf folgende Internetquelle zugreifen, die kompakt die Transkriptionsregeln mit Beispielen beschreibt: https://www.ph-ludwigsburg.de/uploads/media/transkriptionsregeln.pdf (09.02.2017)

In der Übung 2.17 haben Sie eine Transkription durchgeführt, die sehr aufwendig war, weil Sie das Gesagte aufschreiben und die Transkriptionsregeln anwenden mussten. Mittlerweile verwenden immer mehr Forscher computergestützte Transkriptionssysteme, um den Übergang zu einer computergestützten Auswertung zu erleichtern (vgl. Kuckartz, 1999). In Kapitel 2.2.3 wird eine Software vorgestellt, die Ihnen die Transkription erleichtern und die anschließende Auswertung unterstützen kann.

Abschließend möchte ich Sie gerne noch auf die Notwendigkeit einer sorgfältigen Sicherung des Materials und die Einhaltung des Datenschutzes hinweisen. Bei der Aufzeichnung und Transkription dürfen keine Inhalte auftauchen, die eine Person direkt – z. B. durch die Angabe des Klarnamens oder des Arbeitsgebers – oder indirekt über die Kombination mehrerer Merkmale, z. B. durch die namentliche Nennung des Arbeitgebers in Kombination mit einer Altersangabe, identifizieren könnten. Bei der Sicherung des Materials ist der Datenschutz ebenfalls einzuhalten und vor dem Zugriff unberechtigter Dritter zu schützen (vgl. Döring/Bortz, 2016, S. 369).

2.3.2 Qualitative Auswertung am Beispiel der Grounded Theory

Nachdem die verbalen und/oder visuellen Daten protokolliert und aufgezeichnet wurden, kann nun der Prozess der Datenauswertung beginnen. In diesem Unterkapitel wird Ihnen deshalb zunächst der allgemeine Prozess qualitativer Auswertungen vorgestellt, bevor Sie einen Einblick in die Auswertungsmethode der Grounded Theory gewinnen.

Der allgemeine qualitative Auswertungsprozess lässt sich in vier Schritte einteilen (vgl. Lamnek, 2010a, S. 367 ff.):

1. Sie sichten zunächst die Datengrundlage des vorliegenden Transkripts und konzentrieren sich auf die Hauptpassagen.
2. Es werden weiterführende Informationen, z. B. aus dem Beobachtungsprotokoll, hinzugezogen und mit dem Transkript in Verbindung gebracht.
3. Es gilt nun, Typen bzw. Muster im Transkript zu identifizieren, indem Textstellen übergeordneten Themen zugeordnet werden. Dabei können auch Unterschiede deutlich gemacht werden, statt ausschließlich die gemeinsamen Merkmale herauszustellen. Ziel ist die Formulierung von Theorien. Dieser Schritt stellt das Kernelement qualitativer Auswertung dar und ist damit auch besonders wichtig für die Grounded Theory. Er gliedert sich – in Abgrenzung zu anderen Auswertungsmethoden – wiederum in mehrere Codierschritte.
4. Die Interpretationen, die Sie im dritten Schritt formuliert haben, werden einer Kontrolle unterzogen: Andere Personen – Kollegen oder Unbeteiligte – können Sie bei der Interpretationssicherung unterstützen und die Interpretationen anhand des Materials überprüfen.

Grounded Theory

Das zentralste Element der qualitativen Auswertung kann im dritten Schritt gesehen werden: In diesem Schritt werden nämlich Textstellen eingehend analysiert und zu übergeordneten Themen strukturiert. Die spezielle Auswertungsmethode der qualitativen Forschung verfolgt das Ziel, eine Theorie aus den Daten zu entwickeln, statt ausschließlich Gemeinsamkeiten oder Unterschiede zu beschreiben. Diese Auswertungsmethode wird Grounded Theory (vgl. Glaser/ Strauss, 1967) genannt. Diese Methode arbeitet mit Techniken des Codierens, beispielsweise mit offenem und axialem Codieren. Unter Codieren wird dabei der „Prozess der Datenanalyse" verstanden (vgl. Strauss/Corbin, 1996, S. 43). Um diesen Prozess besser nachvollziehen zu können, werden Ihnen im Folgenden ausgewählte Beispiele für Codiertechniken vorgestellt.

Offenes Codieren

Offenes Codieren findet im ersten Schritt der Grounded Theory statt. Dabei werden zu jeder Textstelle des Transkripts Fragen in folgender Art gestellt:

- Was ist das?
- Was repräsentiert das?

PRAXISBEISPIEL 2.17:

Wir legen folgende Textstelle aus einer Beobachtung zugrunde:

„Sie geht an ihren Bürotisch zurück und durchsucht einen Block von Unterlagen, schaut umher, durchsucht erneut den Block mit Unterlagen."

Bei der Auswertung fragen Sie nun: Was ist das, was macht die Frau? Die Frau sucht etwas. Das wird auf Basis ihres Verhaltens deutlich. Sie werden dafür vermutlich die Kategorie *Suchen* finden.
Was repräsentiert das „Suchen", d. h. was sucht sie? Sie finden in der Textstelle den Begriff „Block mit Unterlagen". Vielleicht nennen Sie diesen *Bürounterlagen*. Für alle Aktionen und Objekte, die im Transkript vorkommen, wird ein Begriff oder eine Kategorie vergeben.

Beim offenen Codieren kann es im Laufe der Analyse oft dazu kommen, dass im Textmaterial identische Namen für unterschiedliche Aktionen und Objekte vergeben werden. Diese Namen nutzen Sie im nächsten Schritt, um gemeinsame Gruppen (= Kategorien) zu bilden.

PRAXISBEISPIEL 2.18:

In anderen Textabschnitten haben wir, neben dem Begriff *Suchen*, auch die Begriffe *Nachfragen* und *Hilfe suchen* für diese Frau verwendet. Beim näheren Betrachten dieser Begriffe und Textstellen fällt uns auf, dass alle drei Begriffe zum *Versuch, die Büroarbeit fortführen zu können* (die übergeordnete Kategorie) gehören. Wir haben somit eine Kategorie für eine Gruppe von Bezeichnungen gefunden.

ÜBUNG 2.18:

Wählen Sie einen beliebigen deutschen Songtext aus und führen Sie für jede Textzeile das offene Codieren durch.

TIPP:

Wählen Sie bei dieser Übung bitte keine zu abstrakten Begriffe für die Kategorien. Dies würde dem Ansatz der Grounded Theory widersprechen, da allzu abstrakte Begriffe Ihr persönliches Verständnis der Textstellen negativ beeinflussen könnten. Wenn Sie beispielweise die Kategorie *Gesundheit* wählen, kann das für die weitere Datenauswertung hinderlich sein. Sie könnten im Auswertungsprozess vergessen, wie Sie *Gesundheit* verstanden haben. Daher sollten die Beschreibungen der Kategorien unbedingt protokolliert werden.

Axiales Codieren

Der zweite Auswertungsschritt der Grounded Theory besteht aus dem axialen Codieren, das den Kontext einer Kategorie genauer beleuchtet. Im Laufe dieses Prozesses entstehen erste Theorieentwürfe. Die Grundfragen lauten:

- Welche äußeren Bedingungen zeigen sich in der Datenquelle?
- Welche Handlungsstrategien lassen sich im Verhalten der Personen erkennen?
- Welche Konsequenzen zeigen sich?

PRAXISBEISPIEL 2.19:

Bei der Kategorie *Versuch, die Arbeit fortführen zu können* kann z. B. danach gefragt werden, unter welchen Bedingungen diese Strategie benötigt wird.

Bitte beachten Sie, dass im aktuellsten Buch von Strauss und Corbin (2008) die Technik des axialen Codierens nicht mehr erwähnt wird. Sie wurde hier dennoch kurz skizziert, da sie in der Forschungsliteratur sehr weit verbreitet ist (vgl. Urquhart, 2013) und die Bedeutung des axialen Codierens für qualitative Methodiker in den nächsten Jahren vermutlich nicht abnehmen wird.

Abschließend stellt das selektive Codieren eine weitere zentrale Codiertechnik dar. Sie ist wichtig, um den Prozess der Datenanalyse im Rahmen der Grounded Theory abschließen zu können.

Selektives Codieren

Unter selektivem Codieren, dem letzten Codierungsschritt gemäß der Ground Theory, versteht man die:

- Festlegung einer Kernkategorie, die mehrere Kategorien zusammenfasst
- Prüfung der Beziehungen zwischen den Kategorien
- Prüfung der theoretischen Sättigung der Kategorien

Beim selektiven Codieren soll der Forschende eine sinnvolle Kernkategorie bilden. Döring und Bortz (2016, S. 549) sprechen auch von einer Schlüsselkategorie. Dafür ist es notwendig, dass die Kategorien des offenen Codierens untereinander verglichen werden, sodass die Kernkategorie tatsächlich stimmig ist. Das selektive Codieren stellt somit eine abstraktere theoretische Ebene dar, verknüpft die bisher vergebenen Kategorien und nutzt die Informationen aus dem Schritt des axialen Codierens. Wenn Sie beispielsweise eine Studie zum Thema Obdachlosigkeit auf Basis von qualitativen Leitfadeninterviews durchgeführt haben, stellen Sie im ersten Schritt bestimmte Kategorien und Begriffe im Transkript fest, die eine besondere Relevanz haben – z. B. Angst, Hoffnungslosigkeit und Abenteuer. Beim axialen Codieren fragen Sie dann nach den Ursachen, Konsequenzen und Strategien in Bezug auf die Begriffe und Kategorien. So kann sich beispielsweise zeigen, dass Angst und Hoffnungslosigkeit korrelieren und durch den Kontakt zu anderen Betroffenen gemildert werden und dann die Abenteuerlust steigt; oder dass Angst eher von weiblichen Interviewten thematisiert wird. Eine Kernkategorie könnte nun *negative Assoziationen zur Obdachlosigkeit* lauten, die dann sehr wahrscheinlich noch weitere Kategorien als Angst und Obdachlosigkeit umfasst, damit die Kernkategorie auch theoretisch gesättigt ist. Diese Kernkategorie beinhaltet nun die entsprechenden Unterkategorien und ihre Beziehungen zueinander und beschreibt eine Theorie.

ÜBUNG 2.19:

Verwenden Sie Ihre Kategorien aus der Übung 2.18 und gehen Sie auf die Suche nach Kernkategorien.

TIPP:

Fragen Sie sich: Ist es tatsächlich sinnvoll, die Kategorien zusammenzufassen? Fehlen Ihnen Informationen, die Sie gerne weiter ergründen möchten?

Die einzelnen Kategorien müssen zusätzlich dahingehend überprüft werden, ob ausreichende Informationen für eine solche Kategoriebildung vorliegen. Das heißt, eine Kategorie muss theoretisch erschöpfend und damit sprichwörtlich „satt“ sein. Nur so kann sichergestellt werden, dass sich die Theorie mit Daten belegen lässt. Es wird nochmals deutlich, warum sich die Begriffe theoretische Sättigung und Grounded Theory etabliert haben.

MERKSATZ

Die Grounded Theory hängt somit mit der bereits beschriebenen qualitativen Stichprobenziehung (theoretical sampling) unmittelbar zusammen. Ein Forschender, der die Grounded Theory nutzt, wird im Laufe seiner Theoriebildung immer wieder Personen bzw. Fälle untereinander vergleichen, bewusst Kontraste suchen, bis keine neuen theoretisch relevanten Anhaltspunkte gefunden werden. Inhaltlich lässt sich die Grounded Theory dem phänomenologischen Ansatz zuordnen, weil Offenheit und die ständige Prüfung der Neutralität des Forschenden im Vordergrund stehen.

Die Grounded Theory stellt ein äußerst komplexes Verfahren dar und verlangt sehr viel Erfahrungswissen sowie den Einsatz zeitlicher und finanzieller Ressourcen. Trotzdem kann der investierte Aufwand in die Auswertungsmethode sehr lohnenswert sein.

2.3.3 Qualitative Inhaltsanalyse mit MAXQDA

In der qualitativen Forschungsliteratur wird eine Vielzahl von Auswertungsmethoden beschrieben. Die in Kapitel 2.3.2 dargestellte Grounded Theory stellt dabei bereits eine häufig angewandte Methode dar, die auf den Prinzipien der qualitativen Theoriebegründung und Stichprobenziehung basiert. Die Methode besitzt etliche charakteristische Elemente, z.B. das Codieren und Kategorisieren, die auch in anderen qualitativen Datenanalyseverfahren zu finden sind. Das Verfahren der qualitativen Inhaltsanalyse werden Sie im Folgenden detaillierter bearbeiten, die Nähe zur Grounded Theory einschätzen und praxisorientiert mit der Software MAXQDA ausführen.

Die qualitative Inhaltsanalyse nach Mayring (1989) verwendet – ähnlich der Grounded Theory – eine Kategorienbildung auf Basis des Textmaterials. Dabei gilt es jedoch zu berücksichtigen, dass die Kategorienbildung hier anderen Regeln unterliegt. „Die Kategorienbildung ist keineswegs so offen, wie dies zunächst klingen mag“ (Rosenthal, 2005, S. 200). Die Kategorien entstehen aus der Theorie und der detaillierten Festlegung der Fragestellung, die vorab genau bestimmt wurden. Es liegt somit eine feste Struktur vor. Zwar werden in manchen Phasen der qualitativen Inhaltsanalyse neue theoretische Aspekte gesichtet, doch die Kategorien dienen dann weitgehend der Zusammenfassung und Charakterisierung des Materials, ohne daraus eine ganzheitliche Theorie abzuleiten (vgl. Lamnek, 2010a, S. 471; Rosenthal, 2005, S. 200).

Die einzelnen Phasen der qualitativen Inhaltsanalyse lassen sich in drei Schritte unterteilen (vgl. Döring/Bortz, 2016, S. 542):

1. Zusammenfassung: Sichtung des Materials und Festlegung der wesentlichen Inhalte zu einer Kurzversion
2. Explikation: Klärung unklarer Textstellen durch weitere Informationsquellen über das Textmaterial hinausgehend
3. Strukturierung: Festlegung einer Struktur des Textmaterials mithilfe von Kategorien, Codierregeln und Ankerbeispielen

Aus der Zusammenfassung kann eine Kürzung ganzer Textpassagen resultieren, oder es können Stichworte für die Charakterisierung einer Person anhand des Textmaterials vergeben werden. Bei Kuckartz (2014a) findet sich ein Beispiel dafür, wie Daten nach Abschluss der Zusammenfassung aussehen können. Das folgende Praxisbeispiel 2.20 entstammt einem Leitfadeninterview zur Evaluation einer universitären Statistiklehrveranstaltung. Die Forschenden haben die Interviews vorab bereits in Kategorien eingeteilt, sodass dieses Interview die Kategorie einer positiv eingestellten Studentin ohne Ambitionen repräsentiert.

PRAXISBEISPIEL 2.20:

Interview B1: Die positiv Eingestellte ohne Ambitionen (vgl. Kuckartz, 2014a, S. 56):

- Die Studentin findet das Tutorium nur ab der Mitte des Semesters interessant.
- Die Übungen und das Tutorium gefallen ihr am besten, aber am Schluss seien diese zu voll.
- Das Tutorium diene ihr als Ersatz für die eigene Vor- und Nachbereitung.
- Sie empfindet die Grundstruktur der Vorlesung als gut. Daraus resultiere ein guter Lerneffekt.
- Die Studentin hat keine eigene Arbeitsgruppe, sie lerne stattdessen eher mit einer Freundin.
- Sie würde sich aber generell kleinere Arbeitsgruppen wünschen.
- Zusätzlich gelesen habe sie nichts, finde aber die eigenen Notizen ausreichend.
- Die Probeklausur schätzt sie als gut ein, und das Bestehen genüge ihr.

In der anschließenden Phase, der Explikation, wird überprüft, ob Textstellen der Transkription unklar geblieben sind und welche Informationen außerhalb des Textmaterials die Annahmen und Kategorisierungen untermauern könnten, wie beispielsweise soziodemografische Daten des Beforschten. Vielleicht ergeben sich auch innerhalb des Textmaterials Verbindungsstellen, die das Verständnis des Forschenden fördern können. Die letzte Phase der Inhaltsanalyse widmet sich der Strukturierung des Materials und stellt damit den zentralsten Schritt der qualitativen Inhaltsanalyse dar. In dieser Phase arbeitet der Forschende ein Kategoriensystem heraus, das sowohl durch Vorwissen als auch durch direkte Rückschlüsse aus dem Textmaterial entwickelt wird (deduktiv-induktives Wechselspiel). Eine Kategorie stellt einen Sammelbegriff dar, wird ausführlich definiert, mit Codierregeln versehen und den Textstellen (als Ankerbeispiele) zugeordnet. In Praxisbeispiel 2.21 wird das Zusammenspiel von Kategorie, Definition und Ankerbeispiel deutlich.

PRAXISBEISPIEL 2.21:

Auszug aus einem qualitativen Codierschema, erstellt aus Leitfaden-interviews mit Polizeibeamten über Identitätsbilder innerhalb der Polizei (vgl. Lüdders, 2007)

Kategorie	Definition	Ankerbeispiel
Bewältigungsmuster	Bezieht alle Merkmale der Belastung oder Einschränkung der Berufsrolle auf die Person ein und wird mit einer Bewältigungsstrategie verknüpft.	„Ja, das ist halt so, dass man sich als Polizeibeamter auf den Schichtdienst einstellen muss und das weiß dann auch irgendwann die Familie und dann ist das so."

ÜBUNG 2.20:

Vergleichen Sie die Techniken der qualitativen Inhaltsanalyse und der Grounded Theory. An welchen Stellen erkennen Sie Übereinstimmungen?

TIPP:

Vergleichen Sie die Ausführungen zu den Codierregeln im Kapitel 2.3.2 zum offenen, axialen und selektiven Codieren mit den Ausführungen zu den Phasen der Inhaltsanalyse im Kapitel 2.3.3 (Zusammenfassung, Explikation und Strukturierung).

Die schriftliche Analyse und Strukturierung der Daten nach den Techniken der Inhaltsanalyse sind sehr aufwendig. Im Zuge der Auswertung kann es zwischenzeitlich zu einer starken Vergrößerung des Textmaterials kommen, z. B. wenn zusätzlich persönliche Erfahrungen des Forschers einfließen. Deshalb ist es sinnvoll, auf computergestützte Auswertungshilfen zurückzugreifen, die zwar keine finale Interpretation anbieten können, aber helfen, das Textmaterial beispielweise in Kategorien einzuteilen. Bereits bei der Transkription ist es vorteilhaft, eine Software einzusetzen, die Transkriptionsregeln so umsetzt, dass sie später mit dem Auswertungsprogramm kompatibel sind. Idealerweise kann diese Software sogar bereits die Datenaufzeichnung übernehmen, die Daten einlesen und diese dann für weiterführende Analysen zur Verfügung stellen. MAXQDA (Q = Qualitative, D = Data, A = Analysis) stellt eine solch umfassende Software dar, die wir im Folgenden genauer erkunden werden, da sie sehr häufig in der qualitativen Forschung Einsatz findet.

LESEHINWEIS

Im Buch *Forschungsmethoden und Evaluation* von Döring und Bortz (2016) finden Sie auf der Seite 543 ein sehr gelungenes Beispiel für die Codierung im Rahmen der qualitativen Inhaltsanalyse anhand der Nachrichten von Hinterbliebenen auf Onlineprofilen verstorbener Personen.

MAXQDA zeichnet sich besonders dadurch aus, dass es eine kostenlose App zur Verfügung stellt, die eine Aufzeichnung des Materials und eine anschließende Codierung mobil ermöglicht.

HINWEIS

Die App finden Sie unter:
http://www.maxqda.de/produkte/maxapp (14.02.2017).

Sie können mit dieser App Videos und Audios aufnehmen, Projekte und Texte anlegen sowie diese mit Codierungen und Memos versehen. Die Abb. 2.6–2.9[1] sollen Ihnen einen Eindruck vom Umgang mit der App vermitteln. Wenn Sie die App öffnen, können Sie die Funktionen mit den Icons in der unteren Leiste auswählen (vgl. Abb. 2.6).

Es startet dann die entsprechende Funktion, die Sie ausgewählt haben (vgl. Abb. 2.7). Beispielweise entscheiden Sie sich für ein Interview. Dann können Sie das Interview aufnehmen, das Dokument sichern, einen Namen vergeben und benennen, worum es

1 Sämtliche Screenshots unterliegen dem Copyright von MAXQDA, Software für qualitative Datenanalyse, 1989–2015, VERBI Software Consult. Sozialforschung GmbH, Berlin, Deutschland. Mit freundlicher Genehmigung.

in dem Dokument geht und aus einer Codierungsliste Icons auswählen oder weitere Namen vergeben.

Abb. 2.6: Start der MAXQDA-App

Abb. 2.7: Anlegen eines Projekts in MAXQDA

Wenn Sie codieren, können Sie auch einen Textcode oder Emoticons für das Dokument benennen, z. B. „Vermeidung".

Abb. 2.8: Anlegen eines Interviews in MAXQDA

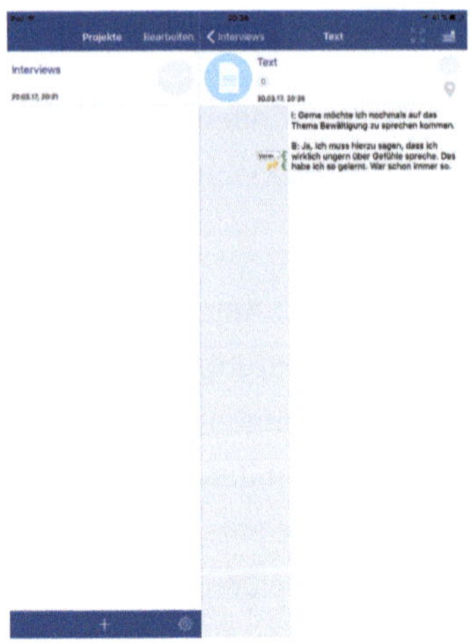

Abb. 2.9: Codierungsmöglichkeiten in MAXQDA

Zusätzlich besteht die Möglichkeit, ganze Memos anzulegen und zu speichern.

ÜBUNG 2.21:

Laden Sie die kostenfreie App von MAXQDA herunter und probieren Sie die Funktionen aus.

TIPP:

Auf der Webseite von MAXQDA finden Sie umfangreiche Informationen zum Umgang mit der App.

Die Daten können anschließend über die Dropboxfunktion in die kostenpflichtige Analysesoftware MAXQDA_11 übertragen werden. Es handelt sich dabei um eine gut nachvollziehbare Software, deren Funktionen u.a. in Online- und Videotutorials umfassend und anschaulich beschrieben werden. Bereits bei der Transkription kann die Software den Auswertungsprozess unterstützen.

ÜBUNG 2.22:

Laden Sie sich auf der Internetseite die 30-tägige kostenlose Demoversion oder die kostenpflichtige Version, z. B. für Studierende oder Bildungseinrichtungen, herunter und testen Sie die Software mit eigenen Daten.

TIPP:

Sie finden auf der Internetseite von MAXQDA Hinweise zum Umgang mit der Software in Online- und Videotutorials. Weiterhin gibt es ein Manual zum Download.

LESEHINWEIS

Im Buch *Qualitative Inhaltsanalyse, Methoden, Praxis, Computerunterstützung* von Kuckartz (2014a) finden Sie im Kapitel 5 eine hervorragende Beschreibung des Einsatzes diverser QDA-Software bei verschiedenen qualitativen Erhebungsmethoden mit Beispielen (S. 132–164).

Die qualitative Inhaltsanalyse stellt neben der bereits beschriebenen Grounded Theory ebenfalls eine spezielle qualitative Auswertungsmethode dar. Darüber hinaus gibt es noch viele weitere Verfahren wie beispielsweise die phänomenologische Analyse, die objektive Hermeneutik (vgl. Kapitel 1), die Tiefenhermemeutik, psychoanalytische Textinterpretationen sowie typologische Analysen.

LESEHINWEIS

Im Buch *Einführung in die qualitative Sozialforschung* von Mayring (2002) finden Sie im Kapitel 4.3 eine Auswahl weiterer qualitativer Auswertungsmethoden (S. 103–132).

Zusammenfassung

In der qualitativen Forschungsliteratur existiert eine Vielzahl an Datenerhebungs- und Datenauswertungsmethoden. Die Techniken und Richtlinien dieser Methoden können sich durchaus stark unterscheiden, unterliegen aber immer festen Regeln und grundlegenden qualitativen Denkweisen, z. B. die Offenheit des Forschers gegenüber neuen Theorien. Für die Wahl der qualitativen Methode ist der Forschungsgegenstand ausschlaggebend. Die Durchführung eines narrativen Interviews wäre bei einem vierjährigen Kind als Interviewpartner beispielsweise kaum möglich; eine Beobachtung erweist sich in diesem Fall als angebrachter.

Neben der Orientierung an den beforschten Personen wird auch die Perspektive des Forschenden explizit in die Protokollierung und Auswertung der Daten einbezogen. Dieses Charakteristikum unterscheidet sich grundlegend vom quantitativen Ansatz, bei dem der Fokus auf einer bestmxöglichen Standardisierung liegt. In der qualitativen Forschung werden die Erfahrungen und Bewertungen des Forschenden nicht isoliert, sondern zu einem zentralen Bestandteil der Untersuchung und Analyse gemacht. Mögliche Fehlerquellen, die aufseiten des Forschenden sowie des Beforschten auftreten können, müssen deshalb stets reflektiert und transparent protokolliert werden. Der Forschende sollte auf eine genaue Dokumentation des gesamten Vorgehens achten, damit Aussagen auch für Außenstehende nachvollziehbar und belegbar sind.

Einige Auswertungsmethoden legen ein besonderes Augenmerk auf die Entwicklung einer Theorie aus dem Datenmaterial, z. B. die Grounded Theory, und stellen Vergleiche in den Vordergrund, die eine Theorie erschöpfend sättigen (= theoretische Sättigung). Andere Auswertungsmethoden, wie die Methode der qualitativen Inhaltsanalyse, erarbeiten ein festes Codierschema, das auch deduktiv durch die Anwendung von Vorwissen begleitet werden kann. Das Datenmaterial wird effizient reduziert, um möglichst viele Fälle vergleichen zu können. Dieses Vorgehen mag den quantitativen Methoden bereits etwas näherstehen als die Grounded Theory. Tendenzen zur quantitativen Arbeitsweise können in manchen Techniken qualitativer Methoden durchaus identifiziert werden, beispielsweise beim Einsatz halbstandardisierter oder standardisierter Verfahren. Weiterhin stellt eine computerunterstützte Analyse von Datenmaterial kein ausschließliches Merkmal für quantitative Methoden dar, denn qualitative Software hat sich bereits seit Jahrzehnten auf dem Markt etabliert, z. B. die kostenlose Software MAXQDA.

Aufgaben zur Selbstüberprüfung

AUFGABE 2.1:

Entwickeln Sie eine Forschungsfrage für ein Quasiexperiment im Feld.

AUFGABE 2.2:

Schauen Sie sich die BBC-Dokumentation über das Stanford-Prison-Experiment an (https://m.youtube.com/watch?v=L_LKzEqlPto, 14.02.2017). Welche ethischen Richtlinien wurden verletzt?

AUFGABE 2.3:

Welche Maßnahmen werden in der qualitativen Forschung ergriffen, um eine theoretische Sättigung zu erzielen?

3 Mixed-Methods

In diesem Kapitel lernen Sie die Grundgedanken der Mixed-Methods-Forschung kennen und können diese in Forschungsbeispielen identifizieren. Mixed-Methods-Designs können Sie auf Basis ausgewählter Fragestellungen differenzieren. Sie erkennen, dass beide Forschungsrichtungen – die qualitative und die quantitative – nicht immer eindeutig voneinander zu trennen sind, sondern durchaus gemeinsame Schnittstellen besitzen und sich gegenseitig bereichern können.

3.1 Grundlagen

Qualitative und quantitative Forschungsmethoden werden zwar häufig und gerne kontrastierend gegenübergestellt, jedoch bekämpfen sie sich heutzutage kaum noch.

> *„Es ist friedlich geworden im Feld der Sozialforschung. Fast niemand zieht heute noch aus, um die Quantitativen aus dem Felde zu schlagen.“* (Reichertz, 2014, S. 95)

Im Laufe der Jahre kam es zu einem Umdenken und zu der Erkenntnis, dass sich beide Forschungstraditionen bereichern können. Mittlerweile hat sich mit den Mixed-Methods Anfang des 21. Jahrhunderts eine Kombination beider Traditionen etabliert (vgl. Kuckartz, 2014b; Kelle, 2007), und Forschergruppen aus beiden Traditionen schließen sich – u. a. an den Universitäten – zu Mixed-Methods-Gruppen zusammen. Die beiden methodischen Richtungen werden miteinander kombiniert, um die Forschungsperspektive und die Forschungsaussagen zu verbessern. Der gemeinsame Einsatz von qualitativen Interviews und quantitativen Fragebögen kann zu neuen, wichtigen Einblicken in den Forschungsgegenstand führen, die ohne eine Kombination nicht möglich gewesen wären.

MERKSATZ

Mixed-Methods stellen eine Vernetzung von qualitativen und quantitativen Methoden innerhalb einer Untersuchung dar, die eingesetzt wird, um die gewonnenen Daten besser interpretieren zu können.

Der Begriff Mixed-Methods ist dabei kein wirklich neuer Begriff, sondern lehnt sich an den in der Forschungsliteratur bereits bestehenden Begriff der Triangulation an. Beide Begriffe sind jedoch nicht austauschbar, sondern stellen unterschiedliche Aspekte heraus. Ursprünglich entstammt der Begriff der Triangulation der quantitativen Testtheorie (vgl. Kuckartz, 2014b, S. 45) und basiert auf geometrischen Konzepten.

> *„Um einen nicht erreichbaren Punkt (Erkenntnis) zu bestimmen, peile ich diesen Punkt von zwei (oder mehr) bekannten Perspektiven (Methoden) aus an, bestimme das Verhältnis der bekannten Perspektiven zueinander und deren ‚Winkel' zum angepeilten Punkt, und kann dann mithilfe trigonometrischer Berechnungen den unbekannten Punkt bestimmen.“ (Reichertz, 2014, S. 95)*

Sie können die Triangulation auch grafisch stilisiert in Form von Telefonmasten begreifen, die von unterschiedlichen Standpunkten und Personen aktiviert werden. Es wird sich ein gemeinsamer Schnittpunkt ergeben, an dem der Telefonmast von allen Personen angewählt werden kann.

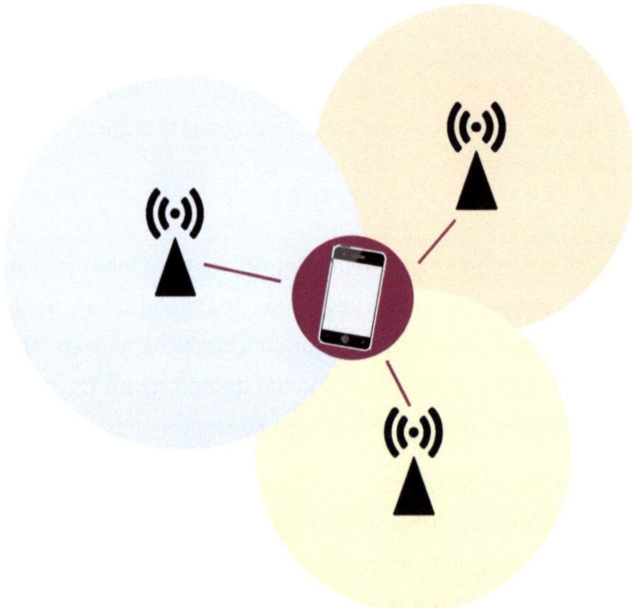

Abb. 3.1: Triangulation am Beispiel von Telefonmasten (vgl. doctordisruption, 2014)

Eine Triangulation muss jedoch nicht zwangsläufig bedeuten, dass ein Mix bestehend aus qualitativen und quantitativen Methoden für einen Perspektivwechsel eingesetzt wird. Eine Triangulation ist selbst dann schon gegeben, wenn im Rahmen *einer* Forschungstradition mehrere Methoden kombiniert eingesetzt werden, wie es in Praxisbeispiel 3.1 der Fall ist. Triangulation kann auch durch unterschiedliche Perspektiven von Forschern derselben Forschungstradition oder durch den Vergleich unterschiedlicher Theorien definiert werden. Diese Definitionen der Triangulation zeigen somit auf, dass nur ein kleiner Teilbereich davon der Mixed-Methods-Forschung entspricht.

PRAXISBEISPIEL 3.1:

Sie haben eine qualitative teilnehmende Beobachtung durchgeführt. Um zu weiterführenden Erkenntnissen und einem Perspektivwechsel zu gelangen, setzen Sie im Anschluss qualitative Leitfadeninterviews ein.

ÜBUNG 3.1

Entwickeln Sie je ein Beispiel für Triangulation im Rahmen derselben Forschungstradition und für Triangulation, die durch den Vergleich unterschiedlicher Theorien in derselben Forschungstradition entsteht.

TIPP:

Sie können zwischen den qualitativen und den quantitativen Methoden frei wählen. Überlegen Sie sich eine konkrete Fragestellung. Welche Methode würden Sie für die Fragestellung wählen, z. B. ein Interview oder einen Fragebogen?

MERKSATZ

Bei der Triangulation werden verschiedene Lösungswege, z.B. verschiedene Informationsquellen, Interpretationen, Theorieansätze oder Methoden, angewandt und die Ergebnisse verglichen. Dabei soll keine Übereinstimmung erreicht werden, sondern die einzelnen Ergebnisse können zu einem Gesamtbild zusammengesetzt werden. Gleichzeitig werden die Stärken und die Schwächen der jeweiligen Methoden deutlich (vgl. Mayring, 1993, S. 112).

Für eine Mixed-Methods-Forschung ist vorab zu klären, ob auf Basis der Forschungsfrage die Methoden tatsächlich sinnvoll miteinander kombiniert werden können. Andernfalls ist eine Vernetzung nicht ökonomisch und würde dem Erkenntnisinteresse der vorherrschenden Tradition zuwiderlaufen. Widerspricht die Fragestellung nicht einer Kombination, sondern würde von einem Mixed-Methods-Ansatz sogar profitieren, wird der herkömmliche Forschungsprozess durchlaufen:

- Es werden die geeigneten Methoden für die Fragestellung ausgewählt.
- Nun folgt die Phase der Datengewinnung an einer geeigneten Stichprobe.
- In der Auswertungsphase werden die Daten aufbereitet und interpretiert. Dabei sollten die Fehlerquellen bestmöglich kontrolliert werden.

Der einzige Unterschied zum herkömmlichen Forschungsprozess besteht darin, die Ergebnisse beider Forschungsmethoden in den Prozess zu integrieren. Der Forschende muss sich zudem die Frage stellen: Zu welchem Zeitpunkt sollen Daten bzw. Ergebnisse integriert werden (vgl. Kuckartz, 2014b, S. 64)? Es muss somit eine Entscheidung darüber getroffen werden, wann welche Forschungsmethode angewendet werden soll und wann die Ergebnisse der einen Forschungsmethode in Beziehung zur anderen Forschungsmethode gesetzt werden sollen. Damit wird deutlich, dass bei einem Mixed-Methods-Design mehr methodische (Vor-)Überlegungen getroffen werden müssen. Die Kombination beider Methoden bietet eine große Vielfalt für verschiedenste Designs.

Mixed-Methods-Designs

Die einfachste Variante von Mixed-Method-Designs stellt ein paralleles Design dar. Parallel bedeutet in diesem Kontext, dass die qualitative und die quantitative Forschung parallel (= gleichzeitig) zueinander verlaufen und keine Schnittstellen während der Durchführung ihres Forschungsprozesses zueinander aufweisen (vgl. Abb. 3.2).

> *„Ein komplettes Eigenleben führen die beiden Teilstudien aber nicht, denn zu zwei Zeitpunkten gibt es eine Verbindung der Studien: zu Beginn, wenn die Forschungsfrage formuliert wird und die beiden Teilstudien geplant werden, und in der Endphase des Projekts, wenn die Ergebnisse der Studien aufeinander bezogen werden." (Kuckartz, 2014b, S. 72)*

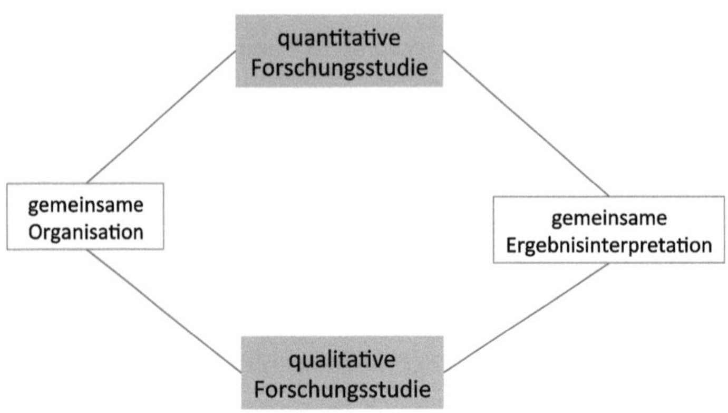

Abb. 3.2: Vorgehen bei einem parallelen Mixed-Methods-Design

ÜBUNG 3.2

Denken Sie sich ein Beispiel für ein paralleles Mixed-Methods-Design aus und planen Sie den zeitlichen Ablauf.

TIPP:

Sie können Beispiele aus Forschungsstudien, die Ihnen bekannt sind, einbeziehen.

Wie Sie bereits in vorangegangenen Kapiteln erarbeitet haben, profitieren qualitative Methoden von einem schrittweisen Vorgehen bei der Bestimmung einer Theorie (vgl. Kapitel 2.3.2). Oft ist das mehrmalige Durchlaufen des Forschungsprozesses vonnöten, um eine Theorie abzusichern. Ein solches Vorgehen kann nun auch durch eine zusätzliche Kombination mit den quantitativen Methoden erfolgen. In diesem Fall wird eine der beiden Forschungsmethoden vorgeschaltet und auf Basis dieser Ergebnisse danach die andere Forschungsmethode eingesetzt. Der Fachbegriff für ein solches Design lautet sequenzielles Design. So kann etwa eine qualitative Studie die vorangegangene quantitative Studie näher plausibilisieren. Abbildung 3.3 veranschaulicht diese Vorgehensweise. Dabei kann entweder die qualitative oder die quantitative Studie zeitlich vorgeschaltet werden.

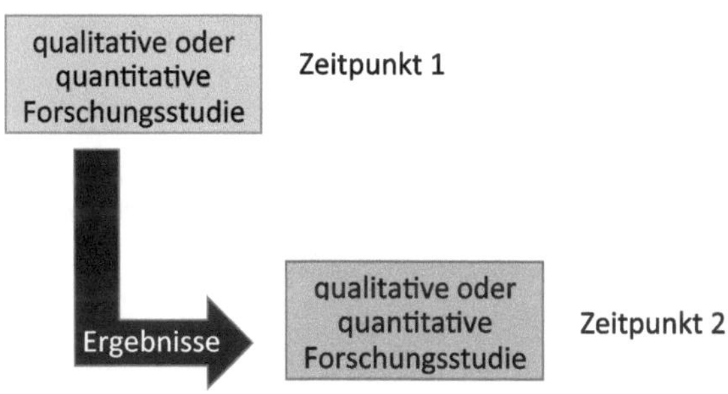

Abb. 3.3: Vorgehen bei einem sequenziellen Mixed-Methods-Design

In Abb. 3.2 wird deutlich, dass die nachfolgende Studie durch die vorangegangene Studie beeinflusst wird. Das Mixed-Methods-Design sieht noch eine weitere Möglichkeit vor: Die vorangegangenen Forschungsdaten könnten vollständig in die nachfolgende

Forschungsmethode übertragen werden. Ein solches Design wird Transferdesign genannt (vgl. Kuckartz, 2014b, S. 87). Qualitative Daten werden in diesem Design quantifiziert, d. h. den entwickelten Codierschemata wird eine Zahl zugewiesen, die somit quantitativ ausgewertet werden kann. Gleichfalls ist es aber auch möglich, aus gegebenen (quantitativen) Zahlen Kategorien zu bilden, d. h eine qualitative Klassierung von Werten oder Variablen vorzunehmen, die sich von reinen statistischen Verfahren unterscheiden – z. B. die Faktorenanalyse oder Clusteranalyse – und einen qualitativen Mehrgewinn darstellen. Darüber hinaus sind noch weitere Varianten und feinere Abstufungen während des Forschungsprozesses im Rahmen der Anwendung von Mixed-Methods möglich.

LESEHINWEIS

Eine ausführliche Beschreibung dieser Designs finden Sie zusätzlich im Buch *Mixed-Methods. Methodologie, Forschungsdesigns und Analyseverfahren* von Kuckartz (2014b) in Kapitel 2 *Designs für Mixed-Methods-Forschung* (S. 57–98).

3.2 Mixed-Methods in ausgewählten Bereichen

Im Kapitel 3.1 haben Sie sich die Grundlagen der Mixed-Methods angeeignet und gelernt, diverse Designs zu differenzieren. Diese Designs finden in vielen Forschungsbereichen Anwendung. Wie Mixed-Methods-Designs eingesetzt werden und welche Bedeutung ihnen dabei zukommt, erarbeiten Sie im folgenden Abschnitt anhand ausgewählter Forschungsbereiche.

In Praxisbeispiel 3.2 betrachten wir ein Forschungsdesign aus dem Bereich Frauengesundheit. Seit mehreren Jahren wird in der Literatur diskutiert, inwiefern das Geschlecht Einfluss auf den Krankheits- bzw. Gesundheitsstatus eines Menschen nimmt (vgl. Merbach/Klaiberg, 2002, RKI, 2005). Insbesondere im Berufs- und Arbeitskontext steht der Einfluss des Geschlechts auf den Krankenstand immer häufiger im Fokus (vgl. Badura et al., 2007).

PRAXISBEISPIEL 3.2:

Im Rahmen einer Gruppendiskussion zum Thema Geschlecht und Gesundheit wird mit sechs Frauen und sechs Männern aus unterschiedlichen Abteilungen eines großen Wirtschaftsunternehmens eine Diskussion zum Thema Einflüsse des Geschlechts auf den Gesundheitsstatus durchgeführt. Die Auswahl der Frauen und Männer hat der Forschende zuvor nach theoretischen Aspekten (= theoretical sampling) getroffen. Der Moderator verwendet für die Gruppendiskussion Aussagen und Ergebnisse aus den jährlich erscheinenden Gesundheitsreporten der Krankenkassen. Auf Grundlage der Gruppendiskussion ergeben sich interessante Kategorien. Diese Kategorien werden in einem nächsten Schritt für die Erstellung eines quantitativen Fragebogens ausformuliert und mit allen beteiligten Personen besprochen. Der Fragebogen wird anschließend im gesamten Wirtschaftsunternehmen eingesetzt, um Möglichkeiten zur Verbesserung des betrieblichen Gesundheitsmanagements auszuloten. Abschließend werden die Ergebnisse des Fragebogens und der Gruppendiskussion verglichen.

ÜBUNG 3.3

Beschaffen Sie sich – in Anlehnung an Praxisbeispiel 3.2 – Informationen zur Studie *Geschlechtergerechtigkeit in der Schule* von Seemann (2009) und bewerten Sie ihr methodisches Vorgehen. Handelt es sich um einen Methodenmix im Sinne der Mixed-Methods oder um das Verfahren der Triangulation?

TIPP:

Stellen Sie sich folgende Fragen: Welche Methoden wurden angewendet? Wann handelt es sich bei dem Vorgehen um eine quantitative und wann um eine qualitative Methode? In welcher Reihenfolge wurden diese Methoden angewendet?

Auch bei der Erforschung von gesundheitsbezogener Lebensqualität (vgl. Guggenmoos-Holzmann et al., 1995) werden häufig quantitative und qualitative Methoden miteinander vernetzt. Lebensqualitätsskalen, wie beispielsweise der SF-36 (= Short

Form: Fragebogen zum Gesundheitszustand), zeigten bei der Übersetzung vom Englischen ins Deutsche erhebliche Probleme (vgl. Flick, 2004, S. 79 f.; vgl. Praxisbeispiel 3.3). Erst durch die qualitative Ergänzung der Frageformulierung durch Interviews konnten die Fragebögen das Verständnis der Lebensqualität geeignet erfassen. Die Fragebögen konnten dadurch an die entsprechende Kultur angepasst werden (vgl. Morfeld et al., 2011). Andere Lebensqualitätsfragebögen – z.B. WHOQOL (WHOQOL-Group, 1995) oder KIDSCREEN (vgl. Ravens-Sieberer et al., 2006) – wurden basierend auf qualitativen Interviews mit Menschen der Zielpopulation entwickelt. In den Fragebögen wurde danach gefragt, welche Ereignisse und Erlebnisse im Leben mit einer hohen bzw. einer niedrigen Lebensqualität und Wohlbefinden verbunden sind. Basierend auf den Antwortformulierungen der Befragten wurden dann Fragebogenitems generiert, die in einer standardisierten Weise zur Erhebung der Lebensqualität zum Einsatz kommen.

PRAXISBEISPIEL 3.3:

Auszug aus dem S-36-Fragebogen

„In der englischsprachigen Version des SF-36 sind u. a. folgende Antwortkategorien enthalten:

a) walking more than a mile.

b) walking half a mile.

c) walking 100 yards."

(Mallison, 2002, S. 16, zitiert nach Flick, 2004, S. 80).

Die Antwortkategorien in Praxisbeispiel 3.3 sind für den deutschsprachigen Raum kaum verständlich. Die Berechnung der Längenmaße in Meilen (eine Meile entspricht ca. 1.609 Meter) und Yards (ein Yard sind ca. 91,44 Zentimeter) erweist sich als schwierig. Natürlich kann diese Problematik bereits vorab durch eine gute Übersetzung gelöst werden. Ist man sich dieser Problematik jedoch nicht bewusst, kann der Einsatz einer qualitativen Methode sinnvoll sein. Durch ein qualitatives Interview über die Frageformulierungen kann dieses Verständnisproblem aufgedeckt werden, und der Fragebogen kann anschließend überarbeitet werden.

ÜBUNG 3.4

Stellen Sie sich vor, Sie möchten Mixed-Methods einsetzen, um mehr über die Biografien von Personen herauszufinden. Wie würden Sie ein Mixed-Methods-Design in der Biografieforschung umsetzen? Überlegen Sie sich ein Beispiel.

TIPP:

Stellen Sie sich die Fragen: Welche Methoden würden Sie einsetzen, um etwas über den Lebensverlauf von Personen zu erfahren? In welche Forschungsbereiche lässt sich die Biografieforschung einteilen?

Betrachten wir hingegen nur einen Ausschnitt der Biografie – beispielweise das Kindesalter – und untersuchen hierzu z. B. eine Fragestellung aus dem Bereich der pädagogischen Psychologie, sind ebenfalls Mixed-Methods-Designs möglich. Das Praxisbeispiel 3.4 beschreibt ein Mixed-Methods-Design im Rahmen der Schulforschung.

PRAXISBEISPIEL 3.4

Beschreibung der Untersuchung *Was erinnern Schüler vom Unterricht?* **(vgl. Fölling-Albers/Meidenbauer, 2010, S. 229–248)**

„Die Autorinnen untersuchen in dieser Studie, an welche Aspekte des Unterrichts sich Schüler_innen noch am Abend desselben Schultages erinnern. Hierzu werden 30 Schüler und Schülerinnen der dritten und vierten Klasse zu drei Messzeitpunkten mittels Leitfadeninterviews befragt. Die Interviews fanden jeweils über die Dauer einer Woche an jedem Abend eines Schultages statt, sodass insgesamt 420 Interviews vorliegen. Die Interviews sind so angelegt, dass die Schüler_innen erst frei von den einzelnen Unterrichtsstunden berichten. Wenn der Erzählfluss stoppt und ihnen nichts mehr dazu einfällt, werden bis zu drei Hinweise durch die Interviewenden gegeben, die die Erinnerung anregen sollen.

In Bezug auf die Aspekte des Unterrichts, an die sich die Schüler_innen erinnern, werden vier Aspekte differenziert: Inhaltliche (bspw. Aussagen zu Lerninhalten), formale (bspw. zum Ablauf der Stunde oder Hefteinträge), funktionale (bspw. Tests oder Noten) und soziale Aspekte (bspw. die Bezugnahme auf Mitschüler_innen). Diese Aspekte fanden auch Eingang in das Kategoriensystem. Zum anderen wird in der Studie untersucht, ob sich verschiedene Schülergruppen – Jungen und Mädchen, leistungsstarke und -schwache Schüler_innen u. a. – hinsichtlich der Aspekte, die sie vom Unterricht erinnern, unterscheiden.

Die der Transkription folgende Auswertung der Interviews mit einer QDA-Software ermöglicht neben der inhaltsanalytischen Auswertung anhand des Kategoriensystems auch eine Quantifizierung der Daten. So erfolgt die Ergebnisdarstellung sowohl auf Grundlage von zusammenfassenden Beschreibungen und Zitaten aus den Interviews als auch mithilfe von quantitativ deskriptiven Darstellungen. „Letztere ermöglichen, insbesondere die interessierenden Unterschiede bzgl. der erinnerten Aspekte zwischen verschiedenen Schülergruppen herauszuarbeiten.“ (Kuckartz, 2014b, S. 89 f.)

ÜBUNG 3.5

Überlegen Sie, um welches Mixed-Methods-Design es sich in Praxisbeispiel 3.4 handelt.

TIPP:

Betrachten Sie nochmals die Varianten von Mixed-Methods-Designs (vgl. Kapitel 3.1). Handelt es sich im Praxisbeispiel 3.4 um ein paralleles Design, ein sequenzielles Design oder um ein Transferdesign?

Das letzte Praxisbeispiel 3.5 aus dem Bereich der Wirtschaftspsychologie soll Ihnen die Vielfältigkeit der Forschungsbereiche verdeutlichen.

PRAXISBEISPIEL 3.5:

Im Rahmen eines Forschungsauftrags über kooperatives Verhalten in zwischenbetrieblichen Projekten für die Deutsche Gesellschaft für Projektmanagement (GPM) setzte die Freie Universität Berlin (vgl. Sydow/Braun/Müller-Seitz, 2011) ein Mixed-Methods-Design ein. Mithilfe eines zweistufigen Designs wurden zunächst 25 Leitfadeninterviews mit Projektmanagern und Projektmitarbeitern durchgeführt. Das qualitative Ergebnis zeigte zwei Kategorien von kooperativen Verhaltensweisen auf (unmittelbare und übergreifende Projektarbeit), die in Unterkategorien ausführlich erarbeitet wurden (vgl. Codierschema von Sydow et al., 2011, S. 10). Anschließend erfolgte eine quantitative Befragung mit 119 Personen, die diese Kriterien berücksichtigte, in Fragen formulierte und mit einer Faktorenanalyse evaluiert wurde. Die quantitativen Ergebnisse wurden dann wiederum bei der Ergebnisinterpretation mit den qualitativen Ergebnissen vernetzt.

Die Auswahl an Praxisbeispielen in diesem Teilkapitel macht deutlich, dass Mixed-Methods in vielen Forschungsbereichen Anwendung finden.

ÜBUNG 3.5

Gibt es Ihrer Meinung nach Forschungsbereiche, in denen die Mixed-Methods nicht eingesetzt werden sollten?

TIPP:

Überlegen Sie, ob es bestimmte Forschungsbereiche gibt, in denen ausschließlich quantitative oder qualitative Methoden zum Einsatz kommen sollten. Denken Sie beispielsweise an gesundheitswissenschaftliche, wirtschaftswissenschaftliche oder psychologische Forschungsbereiche, z. B. Pflege, Wirtschaftsinformatik, Gesundheitspsychologie oder Wirtschaftspsychologie. Begründen Sie, warum es sinnvoll ist, sich bei manchen Fragestellungen eher auf eine Methode zu konzentrieren und von einem Methodenmix abzusehen.

Zusammenfassung

Die Zahl der Forscher, die Mixed-Methods anwenden, steigt kontinuierlich an. In der Forschungscommunity ist der Trend zur Bildung wissenschaftlicher Mixed-Methods-Groups zu beobachten. Unterschiede zwischen qualitativen und quantitativen Methoden scheinen immer unbedeutender zu werden, denn wissenschaftliche „Kämpfe" zwischen beiden Methodenarten sind kaum noch zu beobachten. Stattdessen wird der Fokus auf eine Integration beider Forschungsrichtungen gelegt. Qualitative und quantitative Methoden unterscheiden sich zwar weiterhin hinsichtlich ihrer Erkenntnisinteressen und ihrer angewandten Verfahren, jedoch wird diese Unterschiedlichkeit in einem positiven Sinne für kombinierte Forschungsdesigns genutzt. Für die Methodenausbildung bedeutet das, dass sowohl qualitative als auch quantitative Methoden gleichberechtigt angewendet werden sollten. Forscher müssen sich in beiden Methodensträngen gut auskennen, um sinnvolle Entscheidungen und Schlussfolgerungen aus den Verfahren treffen zu können.

Fest eingrenzbare Forschungsbereiche für Mixed-Methods existieren dabei nicht. Unter anderem gibt es bereits Anwendungsbereiche in der Gesundheitswissenschaft, Wirtschaft, Pädagogik, Psychologie sowie in Soziologie und Sozialwissenschaften. Allein die Fragestellung der Forschung begründet ein Mixed-Methods-Design: Lassen sich beide Methoden sinnvoll miteinander vernetzen und führen sie zu neuen Sichtweisen und Ergebnissen, ist der Einsatz von Mixed-Methods bereits gerechtfertigt.

Aufgaben zur Selbstüberprüfung

AUFGABE 3.1:

Inwiefern unterscheiden sich die Begriffe Mixed-Methods und Triangulation voneinander?

AUFGABE 3.2:

Sie führen eine quantitative Studie über die Gesundheit von Männern durch und haben zu diesem Zweck einen Fragebogen entwickelt, der auf theoretischen Ideen aus der Forschungsliteratur basiert. Sie setzen diesen Fragebogen bei 100 ausgewählten Männern ein. Auf Basis dieser Daten berechnen Sie eine Faktorenanalyse (= statistisches Verfahren zur Gruppierung von Variablen, die ähnliche Informationen messen). Das Ergebnis dieser Faktorenanalyse sind fünf Gruppen (= fünf Faktoren). Aus diesen fünf Faktoren entwickeln Sie einen Leitfaden und führen eine qualitative Studie an 15 ausgewählten Personen durch und interpretieren im Anschluss daran die Ergebnisse. Das Vorgehen wird in Abb. 3.3 grafisch veranschaulicht. Überlegen Sie, welche Art von Mixed-Methods-Design hier vorliegen könnte und grenzen Sie die unterschiedlichen Bestandteile voneinander ab.

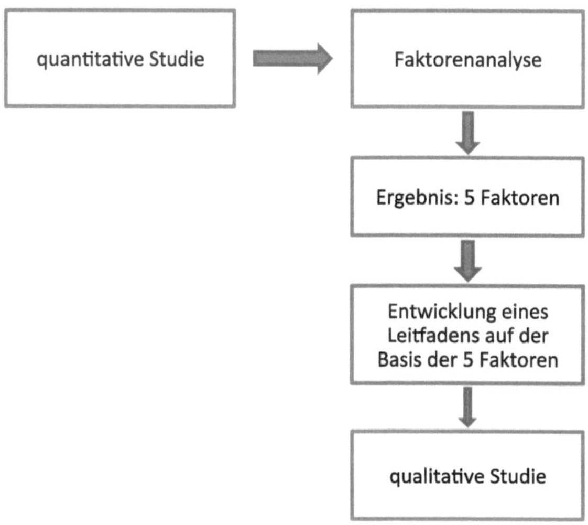

Abb. 3.4: Design einer Mixed-Methods-Studie (vgl. Kuckartz, 2014b, S. 79)

AUFGABE 3.3:

Mixed-Methods werden in der Forschungsliteratur sehr geschätzt. Welche Kritikpunkte könnte man dennoch bei der Anwendung von Mixed-Methods anbringen?

Schlussbetrachtung

Qualitative und quantitative Forschung werden oft miteinander verglichen, beispielsweise hinsichtlich ihrer Erkenntnisziele, Forschungsabläufe, Stichprobenziehungen, Gütekriterien und Erhebungs- sowie Auswertungsmethoden. Ein solcher Vergleich ist jedoch nur bedingt zielführend, weil qualitative Forschung auf anderen theoretischen und methodischen Grundhaltungen als quantitative Forschung aufbaut. Allen qualitativen Grundhaltungen ist gemeinsam, dass sie das Individuum in den Vordergrund stellen und Aussagen über sein Erleben und Verhalten mithilfe von Einzelfallmethoden treffen möchten. Dabei berücksichtigt qualitative Forschung oft das natürliche Umfeld der Personen und führt die Forschung auch im Feld durch. Die Nähe des Forschenden zur beforschten Person ist in der qualitativen Ausrichtung besonders wichtig, die Subjektivität gilt sogar als wichtiger Bestandteil. Vorannahmen, wissenschaftliche Theorien oder auch persönliche Einstellungen aufseiten des Forschenden werden berücksichtigt, möglichst transparent dargestellt und kontrolliert in die Untersuchung integriert. Durch Anwendung qualitativer Methoden wird keine vollkommene Standardisierung angestrebt, sondern die Erhebungsmethoden konzentrieren sich auf unstandardisierte oder halbstandardisierte Methoden. Der geringe Standardisierungsgrad orientiert sich am noch geringen Vorwissen über den Forschungsgegenstand. Wissenschaftliche Theorien, die bereits sehr umfassend beschrieben sind, stellen meist kein Einsatzfeld für qualitative Forschung dar. Stattdessen wird ein offeneres, erkundendes Vorgehen gewählt, weil Erkenntnisse des Einzelfalls oder kleinere Gruppen für den qualitativen Methodiker von Interesse sind. Eine Gegenüberstellung mit den quantitativen Grundhaltungen führt oft zu der Annahme, dass die eine oder die andere Forschungsausrichtung „besser" sei. Dieses Missverständnis wurde mittlerweile in der einschlägigen methodischen Literatur aufgelöst. Die qualitative und die quantitative Forschung gelten als gleichwertige Forschungsausrichtungen. Das Erkenntnisinteresse und der Forschungsgegenstand geben letztlich vor, welche Ausrichtung bei einer bestimmten Untersuchung vorzuziehen ist.

Dabei werden zunehmend qualitative und quantitative Methoden im Forschungsdesign gemixt. Da eine Forschung, die auf beiden Ausrichtungen aufbaut, immer auch Perspektivwechsel in die Bewertung von Forschungsergebnissen bringt und so zu aussagekräftigen Ergebnissen kommt, gewinnt die Mixed-Methods-Forschung deutlich an Anerkennung und Beliebtheit.

Der Einsatz von Mixed-Methods ist meist sehr bereichernd. Mixed-Methods einzusetzen bedeutet, sich – trotz unterschiedlicher Sichtweisen – nicht aus den Augen zu verlieren, aber dennoch den Blick schweifen zu lassen. Gemeinsame Wege zu beschreiten, aber dennoch sich von den eigenen Füßen tragen zu lassen. Es geht darum, sich in einem Netz zu positionieren, aber sich dabei nie gefangen zu fühlen. In diesem Sinne wünsche ich Ihnen viel Spaß mit allen Forschungsmethoden und ihren Herangehensweisen. Lassen Sie sich bereichern!

Anhang

Bearbeitungshinweis zu den Übungen

Übung 1.1:

Bei der Quelle des Zitats wird folgende Situationserklärung gegeben:

> *„Der Sprecher war ein sechsjähriger Junge, die Äußerung fiel, nachdem die Familie gerade zum Abendessen am Esstisch Platz genommen hatte. Auf dem Tisch standen Brot, Aufschnitt, Butter und Tomaten. Mit dem Essen konnte jeder beginnen, er musste sich nur Brote schmieren." (Oevermann, 1981, S. 13)*

Lösungen der Aufgaben zur Selbstüberprüfung

Aufgabe 1.1

Beschreibungen bzw. Erklärungen von Vertretern unterschiedlicher qualitativer Ansätze:

- Ein Phänomenologe wird aufgrund seiner Forschungshaltung versuchen, sämtliches Vorwissen, Vorurteile und Theorien möglichst auszuschalten und sich auf die fremde Situation einzulassen. Dabei nimmt er den Widerstand bzw. die Distanzierung der anderen Personen wahr und reflektiert seine eigene Sichtweise. Ein typisches Muster – z. B., dass Personen sich vermehrt abwenden trotz freundlicher Zuwendung – fällt ihm auf, und er fragt sich, welche Sichtweise die fremdsprachigen Sätze verbergen könnten.
- Ein objektiver Hermeneutiker gründet seine Interpretation auf Vorwissen und informiert sich darüber, aus welcher Fremdsprache „Nagay Tanitooni" stammt und was der Ausspruch bedeutet. Dabei findet er heraus, dass es „Wie geht es Dir?" auf Afar, einer ostafrikanischen Sprache, heißt. Aufgrund dessen, dass die angesprochenen Personen diese Sprache vermutlich nicht verstanden haben, kommt er zu der Interpretation, dass sie sich nicht angesprochen gefühlt haben.
- Ein Vertreter des symbolischen Interaktionismus interessiert sich, neben der Sprache, auch für die Handlungen und wird diesen eine Bedeutung zuweisen. Da die Beteiligten keine gemeinsame Grundbedeutung im Sinne des Symbols der Sprache miteinander teilen, ist die gemeinsame Interaktion gestört. Zudem gilt das Umarmen fremder Personen als ungewöhnlich, was zu einem Abbruch bzw. Unterlassen dieser Handlung führt.
- Ein Ethnomethodologe hätte eine große Freude an der Beobachtungssituation, weil er sich für fremde Kulturen interessiert. Er würde nicht nur die Sprache, die einzelnen Handlungen und die Irritation beschreiben, sondern sich besonders über die beobachtete Störung der Interaktion und den Umgang der Personen zur Wiederherstellung ihrer normalen Alltagshandlungen freuen. Schließlich würde er versuchen, herauszufinden und zu verstehen, warum es für Menschen mitten

auf einem Marktplatz so wichtig ist, nicht auf ihren Wegen blockiert und in den Arm genommen zu werden.

Aufgabe 1.2

Definition und Vereinbarkeit von normativem und interpretativem Paradigma:

- Definition: Das normative Paradigma wird eher der naturwissenschaftlichen Forscherhaltung zugeschrieben. In der Soziologie wurde es erstmalig durch Wilson (1973) erwähnt und beschrieben. Es wird davon ausgegangen, dass eindeutige Ursachen und Gesetze als Erklärungen für Phänomene – auch für menschliches Verhalten – gefunden werden können. Daher wird diese Ausrichtung häufiger mit den quantitativen Methoden assoziiert. Dort geht es um feste Regeln und Strukturen, eindeutige Messvorgänge, Formeln und eine möglichst hohe Objektivität des Forschenden, d.h. er isoliert seinen eigenen Anteil bestmöglich aus der gesamten Untersuchung.
- Definition: Bei Untersuchungen, die dem interpretativen Paradigma folgen, wird nach Sinnzusammenhängen und Gründen für ein bestimmtes Verhalten gesucht, und es werden die einzelnen Personen oftmals in den Vordergrund der Untersuchung gestellt. Soziale Interaktionen und der Kontext, in dem menschliches Verhalten und Erleben stattfindet, spielen eine entscheidende Rolle. Das interpretative Paradigma wurde wegbereitend durch den phänomenologischen und den hermeneutischen Ansatz, den symbolischen Interaktionismus und die Ethnomethodologie begründet. Die Bezeichnung interpretatives Paradigma erhielt es dann ebenfalls im Jahr 1973 durch Wilson. Qualitative Forschung wird gerne diesem Paradigma zugewiesen.
- Vereinbarkeit: Beide Paradigmen haben ihre Berechtigung. Sie können diese Frage daher begründet mit der Auswahl eines Paradigmas beantworten. Wenn beispielsweise bereits viele Theorien und Hypothesen vorliegen und Sie schnell und ökonomisch eine große Gruppe von Personen befragen und über diese Allgemeinheit Aussagen treffen möchten, entscheiden Sie sich für eine Untersuchung nach dem normativen Paradigma. Haben Sie vielleicht eine sehr sensible Fragestellung und möchten mehr über das Verhalten und Erleben einer einzelnen Person oder einer kleinen Gruppe von Personen erfahren, entscheiden Sie

sich vielleicht für eine qualitative Beobachtung oder mündliche Befragung im Rahmen des interpretativen Paradigmas. Beide Paradigmen schließen sich aber nicht aus. Innerhalb beider Paradigmen kann man auch Ansätze des jeweils anderen Paradigmas finden: Im Rahmen quantitativer Forschung könnte auch ein Fragebogen durchaus Einblicke in das Verhalten und Erleben einer Person geben, die für den Forscher sinngebend sind. Im Rahmen qualitativer Forschung werden auch allgemeingültige Aussagen getroffen, wenn man beispielweise mehrere Personen in alltäglichen Situationen beobachtet. Am Ende der qualitativen Forschung stehen ebenfalls durchaus allgemeine Aussagen. Beide Paradigmen können im Rahmen der Mixed-Methods-Forschung sinnvoll kombiniert werden. Erst durch eine qualitative Studie können beispielweise Ideen für ein quantitatives Experiment oder einen quantitativen Fragebogen gewonnen werden. Oder durch die fast gleichzeitige Kombination beider Methodenarten können Sie durch ein mündliches Interview ausführliche Hintergründe zu den Fragen im Fragebogen erfahren. Zum Beispiel: Was bedeutet es, wenn jemand die Frage „Haben Sie jemals Gewalterfahrungen in ihrem Leben gemacht?" mit „ja" beantwortet hat? Kann die Person konkrete Situationen im mündlichen Interview dazu schildern?

Aufgabe 1.3

Verständnis und Gewährleistung der Validität in den qualitativen Methoden:

Die qualitative Forschung muss die Validität genauso gewährleisten wie die quantitative Forschung. Hierfür achtet der Forschende darauf, dass im Rahmen der Datenerhebung ein hohes Maß an Authentizität bei den Beforschten beobachtet werden kann. Nur wenn diese sich möglichst ehrlich und authentisch verhalten, kann eine gültige Schlussfolgerung aus den Daten gezogen werden. Zusätzlich muss der Forschende sich selbst stetig kontrollieren und prüfen, inwiefern er den Forschungsprozess mit beeinflusst und damit zu einer Verzerrung beitragen könnte. Insbesondere bei der Auswertung ist dann darauf zu achten, dass andere Forschungsergebnisse und Sichtweisen integriert werden, um falschen Schlussfolgerungen vorzubeugen (= kommunikative Validierung).

Werden fachfremde Kollegen oder Laien hinzugezogen, sichert man zusätzlich die argumentative Validierung ab.

Aufgabe 2.1

Quasiexperiment im Feld:

Ein Quasiexperiment kennzeichnet sich durch natürliche Gruppen, die nicht randomisiert werden können. Ein Feldexperiment findet in einer natürlichen Umgebung statt und stellt das Gegenteil eines Labors dar. Beispiele für natürliche Gruppen könnten sein: Ethnie, Kultur, Geschlecht, berufliche Stellung, Gesundheitsstatus, Haarfarbe usw. Alle diese Merkmale können Sie nicht zufällig in einem Experiment einer Gruppe zuteilen, wenn die Forschungsfrage genau auf die Untersuchung dieser Merkmale ausgerichtet ist. Nehmen wir an, Sie möchten geschlechtsspezifische Unterschiede bei der Wahrnehmung von beruflichen Aufgaben erkunden. Hierzu haben Sie – weil es sich um ein Experiment handelt – einen Eingriff in die Situation durch das Simulieren einer Konfliktsituation geplant. Die Gruppe der Männer und die Gruppe der Frauen sind bereits festgelegt. Es würde keinen Sinn ergeben, Frauen und Männer zufällig untereinander auszutauschen und eine Frau als Mann anzusehen oder einen Mann als Frau, wenn Sie die Unterschiede zwischen den Geschlechtern feststellen möchten. Sie würden wahrscheinlich nur darauf achten, dass ungefähr gleich viele Frauen und Männer an dem Experiment teilnehmen. Wenn Sie nun zusätzlich die natürliche Umgebung hinzuziehen, handelt es sich um ein quasiexperimentelles Feldexperiment. Die Untersuchung könnte beispielsweise im Büro stattfinden.

Aufgabe 2.2

Ethische Probleme des Stanford-Prison-Experiments:

- Die Versuchspersonen wurden in ihrer Intimsphäre eingeschränkt. Sie mussten sich vollkommen entkleiden, sich entlausen lassen und unterlagen einer permanenten Beobachtung.
- Das Risiko einer Schädigung der Versuchspersonen wurde nicht kontrolliert. Sie wurden zu unterschiedlichen Zeiten (auch nachts) zu körperlicher Arbeit gezwungen („clean up toilets with their bare hands"), ihnen wurden Mülltüten

über den Kopf gezogen, sie durften nur zu bestimmten Zeiten die Toiletten aufsuchen und wurden dem Druck des „dark hole" ausgesetzt. Manche Versuchspersonen schrien nachts um Hilfe. Die psychische und körperliche Unversehrtheit war somit nicht gegeben.

- Die Freiwilligkeit der Teilnahme und die Abbruchmöglichkeit wurden nicht gewahrt. Teilnehmer wollten das Experiment beenden, mussten aber zuvor mit Zimbardo darüber sprechen. In einem Fall wurde keine unmittelbare Entlassung aus dem Experiment durchgeführt, sondern es erfolgte eine bewusste Manipulation zur Weiterteilnahme („he's gonna be a snitch").
- Philip Zimbardo nimmt in dem Experiment eine Doppelrolle als Forscher und Gefängnisleiter ein. Durch die Identifikation mit den Regeln „seines" Gefängnisses verliert Zimbardo den neutralen Blick auf sein Experiment und die Bedürfnisse der Versuchungspersonen („keep my prison going"). Erst durch eine Rückmeldung einer Kollegin wird ihm bewusst, wie unethisch sein Experiment ist.

Aufgabe 2.3

Definition der theoretischen Sättigung:

> Unter theoretischer Sättigung versteht man die Suche nach einer in sich schlüssigen Theorie. Der qualitativ Forschende entwickelt laufend auf Basis seines Forschungsmaterials Ideen und Konzepte. Beispielsweise werden im Rahmen der Grounded Theory, durch das offene, axiale und selektive Codieren, Namen und Kategorien für das Datenmaterial bestimmt, Vernetzungen zwischen diesen Kategorien gesucht, um sie dann zu einer sinnvollen Theorie zusammenzufassen. Das gelingt meist nicht sofort nach dem ersten Analysedurchgang, sondern erfordert weiteres Material. Es werden weitere ähnliche, aber auch kontrastierende Beispiele gesucht. Damit ist die theoretische Sättigung stark mit dem Begriff des theoretical sampling verknüpft.

Aufgabe 3.1

Differenzierung von Mixed-Methods und Triangulation:

> Den Begriff Triangulation gibt es in der Forschungsliteratur bereits sehr viel länger. Er entwickelte sich aus den naturwissenschaftlichen Ansätzen der Geometrie und der psychologischen Testtheorie. Triangulation bezieht unterschiedliche Perspektiven ein, kann aber sowohl durch Methodenkombination aus den qualitativen und quantitativen Methoden als auch durch Methodenkombinationen innerhalb einer Methodentradition gewährleistet werden. Weitere Triangulationstechniken können sich auf die Perspektiven von Forschenden beziehen, ohne eine Methode einzusetzen. Damit ist es kein Konzept, dass mit dem Begriff Mixed-Methods gleichzusetzen ist. Mixed-Methods bezieht sich auf die Kombination beider Methodenarten – quantitative und qualitative – und ihre Integration zur Verbesserung des Erkenntnisinteresses.

Aufgabe 3.2

Bewertung des Studiendesigns:

> Das Studiendesign stellt ein sequenzielles Mixed-Methods-Design mit mehreren Ebenen der Analyse dar. An erster Stelle steht eine quantitative Befragung, die ausgewertet wird. Anschließend erfolgten eine Sondierung qualitativer Interviewleitfragen und die Durchführung der qualitativen Analyse. Die Ergebnisse der quantitativen Studie beeinflussen das Design der qualitativen Analyse.

Aufgabe 3.3

Kritikpunkte zur Anwendung von Mixed-Methods:

- Forschende müssen in beiden Methodenarten gut ausgebildet sein. Dies kann zu Überforderungen führen.
- Der zeitliche und finanzielle Aufwand ist höher einzuschätzen.
- Forschende müssen sich vernetzen und sich auf unterschiedliche Perspektiven einstellen, d. h. kooperative Verhaltensweisen zeigen und in größeren Teams arbeiten. Dies kann vermehrt zu Diskussionen führen als in Teams, die einem einheitlichen Methodenstrang – quantitativ oder qualitativ – zugehören. Diskus-

sionen sind natürlich nicht generell nachteilig für den Forschungsprozess, jedoch erfordern sie vermehrt zeitliche und ggf. auch finanzielle Ressourcen. Der Erfolg einer Diskussion ist zudem bei einem Methodenmix schlechter zu prognostizieren als bei Forschenden gleicher Forschungsrichtungen, weil unterschiedliche Perspektiven eingenommen und nachvollzogen werden müssen. Daher fällt es Forschenden, die sich hauptsächlich in einer Methode sehr gut auskennen, oftmals schwerer, sich in andere Methoden hineinzuversetzen. Ein quantitativer Methodiker kennt sich nicht unbedingt sehr gut in den qualitativen Methoden aus. Genau aus diesem Grund ist ein Methodenmix auch so wertvoll. Sollten sich die Forscher in der Diskussion nicht einigen können, ist das sehr ungünstig. Denn in einem Diskussionsverlauf kann u. U. dann nur der „kleinste gemeinsame Nenner" gefunden werden oder es kann die Kontinuität des Vorhabens gestört werden.

Glossar

Ankerbeispiele — Begriff aus der qualitativen Inhaltsanalyse nach Mayring. Ankerbeispiele beschreiben typische Textstellen, die einer Kategorie zugeordnet werden.

argumentative Validierung — Unter argumentativer Validierung versteht man innerhalb der qualitativen Forschung eine Verständigung über die Bedeutung und Interpretation von qualitativen Daten. Dabei findet ein Austausch zwischen Forschern und anderen fachnahen Experten statt, ebenso mit fachfremden Laien. Auf diese Weise sollen andere Perspektiven einbezogen und hinterfragt werden. Stellt sich im Laufe dieses Prozesses ein gewisser Konsens ein, so kann davon ausgegangen werden, dass die Deutung des Materials valide ist.

axiales Codieren — Axiales Codieren ist die zweite Analyseeinheit in der Grounded Theory. Der Forscher ermittelt zu den Kategorien weiterführende Fragen, die den Kontext der Kategorie erschließen können. Zum Beispiel: Welche Handlungsstrategien ergeben sich durch eine Kategorie?

deduktives Vorgehen — Bei einem deduktiven Vorgehen wird vom Ganzen auf das Einzelne bzw. vom Ganzen auf das Besondere geschlossen.

Delphi-Methode — Die Delphi-Methode ist eine Form der Gruppenkommunikation im Rahmen der quantitativen Methoden. Ein schriftlicher Fragebogen wird von Experten in mehreren Schritten beurteilt. Durch zwischenzeitliche Rückmeldung der Beurteilungen der anderen erhalten die Befragten die Möglichkeit einer Neubewertung. Hierdurch wird versucht, einen Konsens herzustellen.

Dilemma von Nähe und Distanz — Dieser Begriff wird in der qualitativen Forschung für das Problem der gleichzeitigen Herstellung einer Identifikation und einer Distanz zum Beforschten verwendet. Beides ist nicht gleichzeitig möglich. Vor allem bei der Anwendung qualitativer Methoden, die eine gewisse Nähe des Forschers verlangen – z. B. teilnehmende Beobachtung oder Interviewverfahren –, tritt dieses Dilemma auf.

eidetische Reduktion — Die eidetische Reduktion ist eine Methode der Phänomenologie und setzt die Ausblendung allen Vorwissens voraus, um das Wesen jeglicher Dinge erfassen zu können. Das Wesen kann auf dieser Reduktionsstufe nur durch die Methode der Reflexion erfasst werden, sodass sich aus einer Vielfalt von Sichtweisen typische Muster herausfinden lassen.

Einzelinterview Ein Einzelinterview ist die mündliche Befragung mit einem einzelnen Interviewten.

Ethnografie Ethnografie ist ein Teilbereich der Wissenschaftsdisziplin der Ethnologie und wird häufig in die Ethnomethodologie integriert (vgl. Ethnomethodologie). Sie untersucht fremde Völker bzw. Kulturen, indem Gruppen von Personen beobachtet und auf diese Weise z. B. allgemeine kulturelle und soziale Regeln identifiziert werden.

Ethnomethodologie Ethnomethodologie ist eine theoretische Grundhaltung der qualitativen Forschung und integriert Sichtweisen der Ethnografie (vgl. Ethnografie). Der theoretische Ansatz bezieht sich auf den symbolischen Interaktionismus und erforscht die Selbstverständlichkeit von alltäglichen Handlungen in konkreten Situationen. Insbesondere interessiert sich die Ethnomethodologie für die Untersuchung fremder Kulturen; sie arbeitet aber auch häufig mit Krisenexperimenten, um selbstverständliche Interaktionen zu durchbrechen.

Experiment Im klassischen Sinne zeichnet sich ein Experiment durch Randomisierung der Versuchspersonen, systematische Manipulation der unabhängigen Variablen und Wiederholbarkeit aus.

Feldforschung Als Feldforschung wird eine Untersuchung, die im natürlichen Umfeld der Untersuchungspersonen stattfindet, bezeichnet. Feldforschung wird oft mit qualitativer Forschung gleichgesetzt. Dennoch können auch quantitative Methoden im Feld eingesetzt werden.

Fokusgruppe vgl. Gruppendiskussion

fokussiertes Interview Das fokussierte Interview nach Merton ist strukturiert und arbeitet mit einem Leitfaden. In der Regel sollen Strukturen von gemeinsamen Erfahrungen einer Gruppe analysiert werden.

Grounded Theory Die Grounded Theory ist ein wissenschaftstheoretisches Vorgehen, das auf Glaser und Strauss (1967) zurückgeht. Der Forscher wird dazu angeleitet, auf Grundlage qualitativer Daten die Theorie zu „verankern“. Dabei werden regelgeleitete Techniken des offenen, axialen und selektiven Codierens eingesetzt.

Gruppendiskussion Die Gruppendiskussion ist eine mündliche Befragung mit mehreren Personen, die gleichzeitig interviewt werden. Eine Gruppendiskussion wird auch Gruppeninterview oder Fokusgruppe genannt.

Gruppeninterview vgl. Gruppendiskussion

Hearing	englische Bezeichnung für ein Interview mit mehr als zwei Interviewern
hermeneutische Zirkel	Hermeneutische Zirkel stellen eine Interpretationsmethode der objektiven Hermeneutik dar. Dabei wird eine zirkelhafte Wechselbeziehung zwischen einzelnen Wörtern bzw. Texten eines Satzes angenommen, die permanent das Vor- und Textverständnis erweitern.
induktives Vorgehen	Bei einem induktiven Vorgehen wird vom Einzelnen auf das Ganze bzw. vom Besonderen auf das Allgemeine geschlossen.
interpretatives Paradigma	Das interpretative Paradigma geht ursprünglich auf soziologische Theorien zurück, die individuelle Bedeutungen von Personen im Rahmen von Interaktionen berücksichtigen. In der Regel wird es eher den qualitativen Methoden zugeordnet und hat die Zielsetzung, Untersuchungspersonen mit Methoden zu erforschen, die Interpretationen auf Basis von Interaktionen ermöglichen und so eine direkte, verstehende Wechselbeziehung zwischen Forschenden und Beforschten zulassen.
Interview	mündliche Befragung von Personen
Leitfadeninterview	allgemeiner Sammelbegriff für Interviewtechniken, die auf einen Leitfaden zurückgreifen
MAXQDA	Software für die computergestützte Auswertung qualitativer Daten
Mixed-Methods	Unter dem Begriff Mixed-Methods versteht man eine Anwendung von qualitativen und quantitativen Methoden, um bei der Erforschung einer Fragestellung verschiedene Erkenntnisziele gleichzeitig berücksichtigen zu können. Der Begriff stellt dabei einen neuen Modebegriff dar; in der Vergangenheit hat die qualitative Forschung dieses Vorgehen bereits als Triangulation beschrieben.
narratives Interview	Das narrative Interview ist eine Interviewtechnik, die auf Schütze (1983) zurückgeht und Fragen stellt, die den Interviewten zu einem Erzählfluss anregen sollen. Auf einen strukturierten Leitfaden wird bewusst verzichtet.
nicht teilnehmende Beobachtung	Beobachtung, an der der Forscher nur passiv teilnimmt und die Situation von außen beobachtet.
nonreaktive Verfahren	Als nonreaktiv werden Verfahren bezeichnet, die sich vorwiegend auf visuelle Daten stützen und jeglichen Kontakt zwischen Forscher und Untersuchungspersonen vermeiden.
normatives Paradigma	Das normative Paradigma bezieht sich ursprünglich auf soziologische Theorien, die das Handeln von Personen auf Basis von Normen erklären möchten. In der heutigen Debatte wird darunter

auch der naturwissenschaftliche Ansatz durch Einsatz quantitativer Methoden subsummiert.

objektive Hermeneutik

Die objektive Hermeneutik stellt eine Interpretationsmethode der qualitativen Forschung dar, die sich überwiegend auf die Analyse von sprachlichem Textmaterial bezieht. Ziel ist, ein gewisses Vorwissen einzusetzen, aber auch einzelne Elemente eines Textes sowohl kontextunabhängig als auch kontextabhängig zu betrachten.

Objektivität

Der Begriff Objektivität kann kontextabhängig unterschiedlich definiert werden:

Im Kontext des quantitativen Ansatzes bedeutet Objektivität eine vollständige Standardisierung und damit Unabhängigkeit von Zeit, Ort und Person. Es ist dabei unerheblich, wer eine Fragebogenstudie durchführt, sie auswertet oder interpretiert, weil durch die Standardisierung immer ein identisches Vorgehen erfolgen müsste.

In der qualitativen Forschung gibt es zwar auch Regeln für die Durchführung von Interviews, jedoch ist die Interaktion zwischen Forscher und Beforschten explizit gewünscht und unterliegt damit einem gewissen Grad an Subjektivität. Um diese Subjektivität dennoch kontrollieren zu können, bedeutet Objektivität beim Einsatz qualitativer Methoden eine transparente und ausführliche Dokumentation des methodischen Vorgehens.

Im Rahmen der objektiven Hermeneutik bedeutet Objektivität die Kontrolle des Verständnisses des Textes, indem das Vorverständnis der untersuchten Personen sehr genau ermittelt werden sollte.

offenes Codieren

Offenes Codieren stellt die erste Analysetechnik der Grounded Theory dar. Der Forscher entwickelt Namen anhand des Datenmaterials und zergliedert dadurch das Material. Grundlegende Fragestellung ist: Was passiert in einer Texteinheit? Namen, die Ähnlichkeiten aufweisen, werden zu Kategorien zusammengefasst.

paralleles Design

Begriff aus der Mixed-Methods-Forschung. Qualitative und quantitative Methoden werden gleichzeitig, aber unabhängig voneinander eingesetzt, bevor sie integriert werden.

Phänomenologie

Phänomenologie ist die Lehre der Erscheinungen und möchte im Rahmen des Forschungsprozesses zum wahren Kern eines Wesens hervordringen. Dieser wahre Kern ist überlagert von sozialisierten Traditionen, Theorien, weiteren Einstellungen und auch Vorurteilen. Durch die Methode der Reduktion gelingt es, diese Überlagerungen auszuschalten.

phänomenologische Reduktion Phänomenologische Reduktion ist eine Methode der Phänomenologie. Hierzu werden Techniken der Distanzierung und der Reflexion des eigenen Verhaltens verwendet, um sich von den eigenen Denkweisen loslösen zu können.

problemzentriertes Interview Die problemzentrierte Interviewtechnik geht auf Witzel (1982) zurück und kombiniert narrative und standardisierte Elemente, um gezielt gesellschaftliche Problemstrukturen zu erkennen.

qualitatives Experiment Das qualitative Experiment nimmt, analog zu einem quantitativen Experiment, einen Eingriff in die Umgebung vor, wird jedoch eher im Feld eingesetzt. Das qualitative Experiment verwendet Techniken der Gliederung, der Einschränkung oder Transformation, um eine Forschungssituation zu manipulieren. Dabei liegt das Augenmerk nicht auf einer Standardisierung, sondern auf der Setzung eines Reizes. Der qualitative Methodiker beobachtet dann, wie damit in der konkreten Situation umgegangen wird und wie sich diese verändert.

qualitative Inhaltsanalyse Die qualitative Inhaltsanalyse ist eine Auswertungsmethode, die von Mayring (1989) beschrieben wurde. Sie prüft und entwickelt anhand der Daten ein Kategoriensystem. Dabei werden die Phasen der Zusammenfassung, Explikation und Strukturierung durchlaufen.

Quasiexperiment Ein Quasiexperiment kann Versuchspersonen nicht randomisieren, weil natürliche Gruppen vorliegen. Experimente zeichnen sich dagegen durch eine zufällige Zuteilung von Versuchspersonen z. B. zu einer Experimental- und Kontrollgruppe aus.

Randomisierung zufällige Zuteilung von Versuchspersonen zu Gruppen. Der Begriff stammt aus der Experimentalpsychologie.

Reliabilität Unter Reliabilität versteht man in der quantitativen Forschung die Prüfung der Genauigkeit, Stabilität bzw. Zuverlässigkeit eines Messinstruments, z. B. eines Fragebogens oder Tests. Beispielsweise können – durch Anwendung der Korrelationsanalyse – Aussagen darüber getroffen werden, ob ein Instrument über die Zeit hinweg die Ergebnisse immer wieder reproduzieren kann oder ob durch den Vergleich einzelner Teile des Instrumentes eine stabile Vorhersage des Antwortverhaltens möglich ist. In der qualitativen Forschung wird dieses Gütekriterium als unpassend empfunden, weil sich die Personen stetig verändern und genau dieser Veränderungsprozess Grundlage für die qualitative Forschung ist.

selektives Codieren Letzte Analyseeinheit in der Grounded Theory. Der Forscher prüft die Kategorien, entwickelt Verbindungsideen sowie Kernkategorien und prüft, ob weitere Vergleiche nötig sind.

sequenzielles Design — Begriff aus der Mixed-Methods-Forschung. Eine der beiden Methodenarten wird der anderen vorgeschaltet und beeinflusst das anschließende Verfahren der anderen Methode.

symbolischer Interaktionismus — Der symbolische Interaktionismus ist eine qualitative Grundhaltung, die sich für das Verständnis von sozialen Interaktionen interessiert. Dabei wird davon ausgegangen, dass nur auf Basis von gemeinsam geteilten Symbolen eine erfolgreiche Interaktion gelingen kann. Diese Interaktion ist Grundlage für das eigene Erleben und Verhalten und ist hauptverantwortlich für die Konstruktion einer eigenen Identität.

Standardisierung — Unter Standardisierung versteht man den Grad der Festlegung von theoretischen Inhalten, z. B. in Form eines Leitfadens bei Interviews oder eines Beobachtungsplans bei Beobachtungen. Des Weiteren findet eine Unterteilung in nichtstandardisiert, halbstandardisiert und standardisiert statt.

Tandem — englische Bezeichnung für ein Interview mit zwei Interviewern

teilnehmende Beobachtung — Beobachtung, bei der der Beobachter direkt am Beobachtungsgeschehen teilnimmt

theoretical sampling — Begriff aus der qualitativen Forschung. Der Forscher wählt auf Basis der Theorie Personen aus (vgl. auch theoretische Sättigung).

theoretische Sättigung — Theoretische Sättigung ist das Endergebnis der qualitativen Stichprobenziehung. Der Forschende erhebt so lange, bis die Theorie gesättigt ist, d.h. neue Inhalte der Theorie und neue Sichtweisen kommen nicht mehr hinzu. Hierfür wird keine feste Stichprobenzahl vorab festgelegt, sondern es werden während des Forschungsprozesses immer wieder neue Personen in die Stichprobe aufgenommen. Eine wissenschaftstheoretische Grundlage für diese Technik stellt die Grounded Theory dar.

Tiefeninterview — Eine Interviewtechnik, die im psychotherapeutischen Bereich verankert ist und persönliche Motive und Einstellungen herausfiltern möchte.

Transferdesign — Begriff aus der Mixed-Methods-Forschung. Eine direkte Überführung von einer der beiden Methodenarten in die jeweils andere, d.h. Quantifizierung oder Qualifizierung

Transkription — Verschriftung von verbalem oder visuellem Datenmaterial nach festen Notationsregeln

transzendentale Reduktion	Die transzendentale Reduktion ist die höchste Reduktionsstufe innerhalb der Phänomenologie. Husserl (1950) geht davon aus, dass sich auf dieser Stufe ein subjektives Ich zeigen wird, welches noch vor dem Bewusstsein liegt, weil sämtliche objektiven Wahrnehmungen ausgeschaltet werden.
Triangulation	Stellt ein Gütekriterium dar und meint die Absicherung von Daten durch die Einnahme von unterschiedlichen Perspektiven. Diese Perspektiven können unter Forschenden, in Theorien oder durch Kombination unterschiedlicher Methoden entstehen. Damit stellt die Triangulation nur einen Teilbereich der Mixed-Methods dar.
Validität	Der Begriff Validität (= Gültigkeit) wird je nach der jeweiligen Forschungsart unterschiedlich definiert bzw. erreicht: Im Rahmen der quantitativen Forschung möchte man herausfinden, ob ein Instrument tatsächlich das misst, was es inhaltlich zu messen beabsichtigt. Auf Basis von statistischen Verfahren kann die Validität quantifiziert werden. Dabei gibt es noch eine Erweiterung bei experimentellen Studien: Hier unterteilt sich die Validität in die Ausrichtungen intern und extern. In der qualitativen Forschung wird die Validität durch eine gute Fehlerreflexion und einen regen Austausch von unterschiedlichen Perspektiven erreicht.
verdeckte Beobachtung	Der Beobachter informiert die beobachteten Personen nicht darüber, dass sie von ihm beobachtet werden. Diese Methode ist ethisch bedenklich und sollte nur wohl durchdacht eingesetzt werden.

Literaturverzeichnis

Badura, B./Schröder, H./Vetter, C. (2007). *Fehlzeiten-Report 2007.* Arbeit, Geschlecht und Gesundheit. Geschlechteraspekte im betrieblichen Gesundheitsmanagement. Weinheim: Springer.

Bortz, J./Döring, N. (2006). *Forschungsmethoden und Evaluation.* 4. aktual., vollst. überarb. Auflage, Berlin: Springer.

BBC-Dokumentation (o. J.). *The Stanford Prison Experiment.* https://m.youtube.com/watch?v=L_LKzEqlPto (08.09.2016).

Campbell, D. T./Fiske, D. (1959). *Convergent and discriminant validation by the multitrait. multimethod matrix.* Psychological Bulletin, 56 (2), S. 81–105.

Corbin, J./Strauss, A. L. (2008). *Basics of Qualitative Research. Techniques and procedures for developing grounded theory.* Thousand Oaks, California: Sage.

Dabringer, M. (o. J.). *Gruppeninterviews/Gruppendiskussion.* http://www.ahs-vwa.at/pluginfile.php/31/mod_data/content/1378/02-VWA-Interview.pdf (14.02.2017).

Deppermann, A. (2008). *Gespräche analysieren. Eine Einführung.* 4. Auflage, Wiesbaden: VS Verlag für Sozialwissenschaften.

DGPS – Deutsche Gesellschaft für Psychologie/BDP – Bund Deutscher Psychologen (2004). *Ethische Richtlinien.* http://www.dgps.de/index.php?id=96422&L=0 (14.02.2017).

doctordisruption (2014). *Design Methods #19 – Triangulation.* http://www.doctordisruption.com/design/design-methods-19-triangulation/(10.03.2017).

Döring, N./Bortz, J. (2016). *Forschungsmethoden und Evaluation.* 5. aktual., vollst. überarb. Auflage, Berlin: Springer.

Flick, U. (2004). *Triangulation. Eine Einführung.* Wiesbaden: VS Verlag für Sozialwissenschaften.

Fölling-Albers, M./Meidenbauer, K. (2010). *Was erinnern Schüler/innen vom Unterricht?* Zeitschrift für Pädagogik, 56 (2), S. 229–248.

Glaser, B./Strauss, A. L. (1967). *The discovery of grounded theory.* Chicago: Aldine.

Guggenmoos-Holzmann, I./Bloomfield, K./Brenner et al. (1995). *Quality of Life and Health. Concepts, Methods and Applications.* Berlin: Blackwell Science.

Helmer, O. (1967). *Analysis of the future: The Delphi Method.* http://www.dtic.mil/cgi-bin/GetTRDoc?Location=U2&doc=GetTRDoc.pdf&AD=AD0649640 (16.09.2016).

Hussy, W./Schreier, M./Echterhoff, G. (2013). *Forschungsmethoden in Psychologie und Sozialwissenschaften.* 2. aktual., vollst. überarb. Auflage, Berlin: Springer.

Kelle, U. (2007). *Die Integration qualitativer und quantitativer Methoden in der empirischen Sozialforschung. Theoretische Grundlagen und methodologische Konzepte.* Wiesbaden: VS Verlag für Sozialwissenschaften.

Kuckartz, U. (2014a). *Qualitative Inhaltsanalyse. Methoden, Praxis, Computerunterstützung.* 2. durchgesehene Auflage, Weinheim: Beltz.

Kuckartz, U. (2014b). *Mixed Methods. Methodologie, Forschungsdesigns und Analyseverfahren.* Wiesbaden: Springer.

Kuckartz, U./Dresing, T./Rädiger, S. et al. (2008). *Qualitative Evaluation. Der Einstieg in die Praxis.* 2. Auflage, Wiesbaden: VS Verlag für Sozialwissenschaften.

Kuckartz, U. (1999). *Computergestützte Analyse qualitativer Daten.* Wiesbaden: Westdeutscher Verlag.

Kühn, T. (2005). *Grundströmungen und Entwicklungslinien qualitativer Forschung.* Frankfurt a. M.: planung & analyse: Zeitschrift für Marktforschung und Marketing.

Kühn, T./Koschel, K.-V. (2011). *Gruppendiskussionen. Ein Praxis-Handbuch.* Wiesbaden: VS Verlag für Sozialwissenschaften.

Lamnek, S. (2010a). *Qualitative Sozialforschung. Ein Lehrbuch.* Weinheim: Beltz.

Lamnek, S. (2010b). *Transkriptionsregeln.* Weinheim: Beltz. https://www.beltz.de/fileadmin/beltz/downloads/OnlinematerialienPVU/Qualitative_Sozialforschung/Transkriptionsregeln.pdf (09.09.2016).

Lüdders, L. (2016). *Fragebogen- und Leitfadenkonstruktion. Ein Handbuch für Studium und Berufspraxis.* Bremen: APOLLON University Press.

Lüdders, L. (2007). *Identitätsbilder innerhalb der Polizei. Eine Analyse der Polizei- und Polizistenkultur.* Unveröffentlichte Bachelorarbeit. Universität Bremen.

Mallinson, S. (2002). *Listening to respondents. A qualitative assessment of the Short-Form 36 Health Status Questionnaire.* Social Science and Medicine, 54, S. 11–21.

MAXQDA (1989–2014). *Software für qualitative Datenanalyse.* VERNI Software. Consult. Sozialforschung GmbH, Berlin, Deutschland. http://www.maxqda.de/produkte/maxapp (10.09.2016).

Mayring, P. (2002). *Einführung in die qualitative Sozialforschung: eine Anleitung zu qualitativem Denken.* 5. Auflage, Weinheim: Beltz.

Mayring, P. (1989). *Qualitative Inhaltsanalyse.* In: Jütterer, G. (Hrsg.): Qualitative Forschung in der Psychologie. Heidelberg: Asanger, S. 187–211.

Merbach, M./Klaiberg, A./Brähler, E. (2002). *Geschlechtsspezifische Aspekte von Gesundheit und Krankheit.* In: Brähler, E./Strauß, B. (Hrsg.): Handlungsfelder in der Psychosozialen Medizin. Göttingen: Hogrefe, S. 97–116.

Merton, R. K./Kendall, P. L. (1979). *Das fokussierte Interview.* In: Hopf, C./Weingarten, E. (Hrsg.): Qualitative Sozialforschung. Stuttgart: Klett Cotta, S. 171–204.

Merton, R. K./Kendall, P. L. (1956). *The focused interview.* Glencoe: Ill.

Merzbacher, F. (1980). *Hexen und Zauberei.* In: Hinckeldey, C. (Hrsg.): Strafjustiz in alter Zeit. Rothenburg o. d. T.: Mittelalterliches Kriminalmuseum.

Mischel, T. (1963). *Psychologie und Erklärungen menschlichen Verhaltens.* In: Mischel, T. (Hrsg.): Psychologische Erklärungen. Gesammelte Aufsätze. Übersetzt von Rainer Kober. Frankfurt a. M.: Suhrkamp, S. 7–32.

Morfeld, M./Kirchberger, I./Bullinger, M. (2011). *SF-36. Fragebogen zum Gesundheitszustand.* 2. vollst. überarb. Auflage, Göttingen: Hogrefe.

Oevermann, U. (1981). *Fallrekonstruktionen und Strukturgeneralisierung als Beitrag der objektiven Hermeneutik zur soziologisch-strukturtheoretischen Analyse.* http://publikationen.ub.uni-frankfurt.de/files/4955/Fallrekonstruktion-1981.pdf (01.09.2016).

Pädagogische Hochschule Ludwigsburg (o. J.). *Transkriptionsregeln.* https://www.ph-ludwigsburg.de/uploads/media/transkriptionsregeln.pdf (09.09.2016).

qualisozi (2012). *Methodologie qualitativer Forschung – Hypothesen, Fallauswahl, Gütekriterien, Forschungsethik.* http://qualisozi.wordpress.com/category/einfuhrung-in-die-qs/grundlagen/ (16.09.2016).

Ravens-Sieberer, U. (2006). *The KIDSCREEN Questionnaires – Qualitiy of life questionnaires for children and adolescents.* Handbook. Lengerich: Pabst Science Publishers.

Reichertz, J. (2014). *Konjunktur der qualitativen Sozialforschung.* In: Mey, G./Mruck, K. (Hrsg.): Qualitative Forschung. Analysen und Diskussionen – 10 Jahre Berliner Methodentreffen. Wiesbaden: Springer, S. 87–102.

RKI – Robert Koch Institut/ StBA – Statistisches Bundesamt (2005). *Schwerpunktbericht der Gesundheitsberichterstattung des Bundes. Gesundheit von Frauen und Männern im mittleren Lebensalter.* http://www.rki.de/DE/Content/Gesundheitsmonitoring/Gesundheitsberichterstattung/GBEDownloadsT/mittleres_lebensalter.pdf?__blob=publicationFile (16.09.2016).

Rogers, C. (1985). *Die nicht direkte Beratung.* Frankfurt a. M.: Fischer.

Rosenthal, G. (2005). *Interpretative Sozialforschung. Eine Einführung.* Weinheim: Juventa.

Schütze, F. (1983). *Biographieforschung und narratives Interview.* Neue Praxis, 1–3 (3), S. 283–293.

Strauss, A./Corbin, J. (1996). *Grounded Theory. Grundlagen Qualitativer Sozialforschung.* Weinheim: Beltz.

Sydow, J./Braun, T./Müller-Seitz, G. (2011). *Kooperatives Verhalten in zwischenbetrieblichen Projekten.* Im Auftrag der Deutschen Gesellschaft für Projektmanagement. http://www.gpm-ipma.de/fileadmin/user_upload/Know-How/studien/Kooperatives_Verhalten_Abschlussbericht.pdf (16.09.2016).

Urquhart, C. (2013). *Grounded Theory for Qualitative Research. A Practical Guide.* Thousand Oaks, California: Sage.

Wilson, T. P. (1973). *Theorien der Interaktion und Modelle soziologischer Erklärungen.* In: Arbeitsgruppe Bielefelder Soziologen (Hrsg.): Alltagswissen, Interaktion und gesellschaftliche Wirklichkeit. Reinbek: Rowohlt, S. 54–79.

Witt, H. (2001). *Forschungsstrategien bei quantitativer und qualitativer Sozialforschung.* Forum Qualitative Sozialforschung, Volume 2, Nr. 1, Artikel 8, http://www.qualitative-research.net/index.php/fqs/article/view/969/2115 (16.09.2016).

Witzel, A. (1989). *Verfahren der qualitativen Sozialforschung. Überblick und Alternativen.* Frankfurt a. M.: Campus.

Abbildungsverzeichnis

Tabellenverzeichnis

Sachwortverzeichnis

S

T

V

Über die Autorin

Dr. Lisa Lüdders ist Mitglied der Abteilung für Methodik und Evaluation an der Universität Bremen. Als Universitätslektorin verantwortet sie im dortigen Bachelor-Studiengang Psychologie die Lehrgebiete der Statistik und der psychologischen Forschungsmethoden. 2012 promovierte sie über die Folgen und die Bewältigung sexueller Gewalterfahrungen von Mädchen und Jungen. Für ihre Forschungsarbeit und auch ihre Lehre im Modul Statistik wurde sie 2013 ausgezeichnet. Weiterhin ist Lisa Lüdders seit Juli 2015 freiberufliche Modulverantwortliche und Autorin für quantitative und qualitative Forschungsmethoden an der APOLLON Hochschule der Gesundheitswirtschaft. Zwischen September 2016 und August 2017 vertritt sie eine Professur für empirische Methoden an der Hochschule Bremen.